Martin Weiß

Unabhängigkeitsbewegungen innerhalb der Europäischen Union

GRIN Verlag

Bibliografische Information der Deutschen Nationalbibliothek:

Die Deutsche Bibliothek verzeichnet diese Publikation in der Deutschen National-
bibliografie; detaillierte bibliografische Daten sind im Internet über http://dnb.d-
nb.de/ abrufbar.

Impressum:

Copyright © 2011 GRIN Verlag GmbH
Druck und Bindung: Books on Demand GmbH, Norderstedt Germany
ISBN: 978-3-656-01316-7

Dieses Buch bei GRIN:

http://www.grin.com/de/e-book/178955/unabhaengigkeitsbewegungen-innerhalb-
der-europaeischen-union

GRIN - Your knowledge has value

Der GRIN Verlag publiziert seit 1998 wissenschaftliche Arbeiten von Studenten, Hochschullehrern und anderen Akademikern als eBook und gedrucktes Buch. Die Verlagswebsite www.grin.com ist die ideale Plattform zur Veröffentlichung von Hausarbeiten, Abschlussarbeiten, wissenschaftlichen Aufsätzen, Dissertationen und Fachbüchern.

Besuchen Sie uns im Internet:

http://www.grin.com/

http://www.facebook.com/grincom

http://www.twitter.com/grin_com

DIPLOMARBEIT

zur Erlangung des akademischen Grades

Magister der Sozial- und Wirtschaftswissenschaften
(Mag. rer. soc. oec.)

im Diplomstudium Sozialwirtschaft

an der Johannes Kepler Universität Linz,
Institut für Gesellschafts- und Sozialpolitik,

Unabhängigkeitsbewegungen
innerhalb der Europäischen Union

von

Martin Weiß

Linz, August 2011

Danksagung

An dieser Stelle möchte mich bei all jenen bedanken, die mich bei meiner Diplomarbeit unterstützten. Zuallererst ist dabei natürlich mein Betreuer, Herr Dr. Josef Weidenholzer, zu erwähnen. Er brachte mich auf den richtigen Weg und war stets die erste Anlaufstelle, wenn es galt, Unklarheiten zu beseitigen.

Auch meinen Eltern bin ich verpflichtet, danke zu sagen. Sie waren es, die mir mein Studium ermöglichten und mir über dessen gesamte Fortdauer in guten wie in schlechten Zeiten beistanden.

Für die rasche und detaillierte Korrektur meiner Diplomarbeit bedanke ich mich bei meinem lieben Onkel, der mir ebenfalls während meines gesamten Studiums mit Rat und Tat zur Seite stand.

Darüber hinaus gebührt allen Freunden und Freundinnen ein Dank, welche mich durch den Alltag des Studienlebens begleiteten.

Inhaltsverzeichnis

1 Einleitung

1.1 Fragestellung

Unabhängigkeitsbewegungen spielen in Staaten der europäischen Union eine wichtige Rolle. (Vgl. ORF, 2011) Der erste zentrale Punkt meiner Arbeit fragt nach den Gründen für die Bestrebung, unabhängig zu werden. Demnach lautet die erste Forschungsfrage: Welche Motive für Unabhängigkeitsbewegungen gibt es?

Daran anknüpfend, lautet die zweite zentrale Fragestellung: Wer sind die TrägerInnen dieser Unabhängigkeitsbewegungen?

Die vorliegende Arbeit will nur jene Staaten der Europäischen Union beleuchten, in denen diese Bewegungen eine politische Relevanz besitzen. Dies setzt voraus, dass in den betroffenen Ländern Parteien, Vereine oder andere soziale Vereinigungen – eben TrägerInnen – bestehen, die sich für eine Unabhängigkeit einsetzen. Demnach behandelt diese Arbeit keine Minderheitenprobleme, sondern ausschließlich Regionen, in denen es Menschen und Gruppen gibt, die einen eigenen Nationalstaat fordern.

Ein weiteres gemeinsames Charakteristikum der von mir ausgewählten Staaten ist die Offenheit der Prozesse.

1.2 Auswahl der behandelten Staaten und Regionen

Folgende Kriterien waren für die Auswahl ausschlaggebend:
- Staaten/Regionen, die Mitglied der Europäischen Union sind
- Politische Relevanz
- Offenheit der Prozesse

Demnach wurden folgende Staaten zur näheren Betrachtung von mir ausgewählt: Belgien, Spanien, Vereinigtes Königreich von Großbritannien und Nordirland. Diese Staaten haben also die zuvor beschriebenen Merkmale gemein. Sie sind Mitglied der Europäischen Union, es gibt relevante Gruppierungen innerhalb der Staaten, die eine Unabhängigkeit anstreben und es handelt sich hierbei um offene Prozesse.

Andere Staaten wurden hingegen nicht in die Auswahl aufgenommen:

In Korsika gibt es zwar eine Unabhängigkeitsbewegung, diese scheint jedoch in der Realpolitik Frankreichs nur eine untergeordnete Rolle zu spielen. 1991 wurde immerhin ein Selbstverwaltungsstatut verabschiedet, in welchem die kulturelle Eigenständigkeit der KorsInnen anerkannt wird. (Vgl. Kathe, 2011) Ähnlich stellt sich die Situation in Südtirol dar. Dort besteht immerhin eine Partei, die für einen Freistaat eintritt, nämlich *Die Freiheitlichen*. (Die Freiheitlichen, 2011) Bei den italienischen Parlamentswahlen von 2008 erreichte man 9,43% der Stimmen. Die Hürde für Parteien von anerkannten Sprachminderheiten in Italien liegt, wenn sie nur in einem Wahlkreis antreten, jedoch bei einem Prozentsatz von 20. Demzufolge ist die Partei nicht im italienischen Parlament vertreten. (Vgl. Parlamento Italiano, 2011) Ähnlich scheint die Situation in Nordirland zu sein. Dort gibt es zwar Parteien und Organisationen, die die Wiedervereinigung mit Irland anstreben, jedoch keine Bewegungen, die auf einen eigenen Nationalstaat drängen. Vielmehr ist das Hauptziel der irisch-republikanischen Partei *Sinn Féin* Nordirland vom Vereinigten Königreich loszulösen und an die Republik Irland anzuschließen. (Vgl. Sinn Féin, 2011)

Die Situation in Osteuropa scheint nach dem Zerfall der Sowjetunion und der damit verbundenen Entstehung neuer Nationalstaaten momentan relativ stabil zu sein. Die Prozesse sind dort also (zumindest zum erheblichen Teil) abgeschlossen und somit nicht mehr als offen zu bezeichnen.

1.3 Aufbau der Arbeit

Die Arbeit ist in 8 Kapitel eingeteilt:

In der *Einleitung* werden zunächst die zwei Forschungsfragen definiert. Danach werden jene Kriterien erläutert, die zur Auswahl der einzelnen Staaten bzw. Regionen führen. Schließlich werden die entsprechenden Staaten bzw. Regionen aufgezählt. Außerdem wird erklärt, welche Regionen nicht in das Auswahlschema passen und warum. Zu guter Letzt wird der Aufbau der Arbeit dargelegt.

Um die Ausgangslage der einzelnen Regionen besser verstehen zu können, ist ein kurzer geschichtlicher Abriss der einzelnen Einheitsstaaten unumgänglich. Deshalb wird im *Kapitel 2* auf die historischen Gegebenheiten von Belgien, Spanien und dem Vereinigten Königreich betreffend der Konfliktline Zentralismus vs Föderalismus eingegangen.

In den folgenden zwei Kapiteln gelangt man zum eigentlichen Kern der Arbeit, in dem die Forschungsfragen erörtert werden:

In *Kapitel 3* steht die erste Forschungsfrage im Mittelpunkt. Sie soll die Beweggründe zur Unabhängigkeit der einzelnen Regionen ans Tageslicht bringen. Sind nationale/regionale Ungleichgewichte vorhanden? Gibt es sprachliche Differenzen? Welche Rolle spielen wirtschaftliche, religiöse und ideologische Faktoren? Des Weiteren werden auch Probleme zwischen Regionen untereinander und zwischen Regionen mit dem Zentralstaat werden angesprochen.

Danach wird in *Kapitel 4* auf die zweite Forschungsfrage des Themas eingehen: Wer sind die Träger dieser Bewegungen? Handelt es sich um lose Gruppierungen, oder sind diese gut organisiert? Welchen Organisationsgrad besitzen sie in der jeweiligen Bevölkerung? Gibt es (nationalistische) Parteien, die einen programmatischen Schwerpunkt auf Unabhängigkeit setzen? Wenn ja, haben diese Parteien einen realpolitischen Einfluss? Gibt es weitere Organisationen, die als TrägerInnen der Bewegungen auftreten?

Kapitel 5 betrachtet die Rolle der Europäischen Union. Wie steht sie zur Forderung einzelner Regionen nach Unabhängigkeit? Wie sehen die nationalistischen Parteien die europäische Integration?

Am Ende jedes Kapitels werden in einem Vergleich die Gemeinsamkeiten sowie Unterschiede herausgearbeitet. In jenen Kapiteln, in denen sich die Beweggründe und die TrägerInnen der Unabhängigkeitsbewegungen finden, nimmt der Vergleich einen wesentlich größeren Platz ein als in den anderen beiden Kapiteln, da diese für die Forschungsfragen von primärer Bedeutung sind.

In *Kapitel 6* werden die beiden Forschungsfragen, die in den Kapiteln 3 und 4 beantwortet wurden, nochmals zusammengefasst.

Kapitel 7 behandelt die theoretischen Grundlagen der Begriffe „*Nation*" und „*Nationalismus*". Diese sind für das Verständnis von Unabhängigkeitsbewegungen erforderlich. Die verschiedenen Konzepte werden deshalb kurz beschrieben. Auch auf moderne Nationalismustheorien wird eingegangen. Schließlich versuche ich, die Unabhängigkeitsbewegungen und den damit verbundenen Nationalismen der von mir behandelten Regionen grob zuzuordnen.

Zu guter Letzt versuche ich im letzten Kapitel einen Ausblick zu geben. Hat eine der Regionen, die in meiner Arbeit beschrieben wurde, realistische Chancen, unabhängig zu werden?

2 Geschichtliche Entwicklung der Unabhängigkeitsbewegungen

2.1 Belgien – Der flämische-wallonische Konflikt

Belgien ist eine parlamentarisch-demokratische Monarchie. 91 Abgeordnete des Unterhauses – Kammer der Volksvertreter – gehören zur flämischen und 59 zur französischen Sprachgruppe. (Vgl. Erbe, 2009, S. 59)

2.1.1 Die Ursprünge des belgischen Einheitsstaates

Auf dem Wiener Kongress wurde Belgien 1815 dem Königreich Niederlande zugesprochen. Im Zuge der Belgischen Revolution wurde 1830 die Unabhängigkeit Belgiens verkündet. Damalige Großmächte wie Frankreich und Großbritannien akzeptierten diese Autonomie. (Vgl. Süßenbach, 2009, S. 3) Obwohl der Großteil der Bevölkerung diese Revolution begrüßte (Vgl. Wils, 2001) standen sich schon seit dessen Staatsgründung zwei völlig unterschiedliche Sprachgruppen gegenüber. (Vgl. Süßenbach, 2009, S. 3) Lange Zeit galt Belgien als liberales Land. Seine von 1831 verabschiedete Verfassung beinhaltete bereits einen Katalog von Grundrechten und begründete darüber hinaus ein gut funktionierendes politisches System. (Vgl. Erbe, 2009, S. 23) Belgien bekam eine liberale Verfassung mit völliger Vereins-, Presse- und Religionsfreiheit sowie ein beschränktes Zensuswahlrecht. (Vgl. Wils, 2001) Durch den ausgeprägten republikanischen Charakter stellte sie sich der autokratischen Herrschaftspraxis von Monarch *Wilhelm I.* entgegen. Dadurch diente sie zahlreichen anderen europäischen Verfassungen des 19. und 20. Jahrhunderts als Vorbild. In den Jahren 1893, 1918 und 1948 gab es Wahlrechtsausweitungen, wodurch das politische System schrittweise demokratisiert wurde. (Vgl. Woyke, 2009, S. 451) Wirtschaftlich zeigte sich Belgien als Vorzeigebeispiel einer geglückten Industrialisierung. Auch nach den beiden Weltkriegen konnte sich das Land schnell erholen. (Vgl. Erbe, 2009, S. 25)

2.1.2 Die Anfänge der Krise

Seit den 60er Jahren herrscht allerdings eine Krise vor, die bis heute andauert. Langsam verlagerte sich das ökonomische Übergewicht des früher hoch industrialisierten Südens, der Wallonie, in den nördlichen Landesteil, also Flandern. Letzterer war zuvor agrarisch geprägt. Allmählich glich sich das Wohlstandsgefälle aus und kehrte sich schließlich um. (Vgl. Erbe,

2009, S. 24) Sowohl die Bevölkerung Flanderns als auch jene der Wallonie glaubten nicht mehr an einen belgischen Einheitsstaat. Darum leiteten die politischen Verantwortlichen jener Zeit einen Föderalisierungsprozess ein: (Vgl. Berge / Grasse, 2004)

1970 wurden die drei Sprachgruppen – neben der flämischen und der frankophonen auch die deutsche – zu „*Kulturgemeinschaften*" mit parlamentarischen Vertretungen erhoben. (Vgl. Erbe, 2009, S. 21) Spätestens ab diesem Zeitpunkt verlangten die Volksgruppen mehr Autonomie. (Vgl. Schmitz-Reiner, 2007) 1980 bekamen die Kulturgemeinschaften eigene Parlamente und Regierungen. Seither sind sie auch für das Gesundheitswesen und soziale Belange verantwortlich und dürfen Steuern einheben. (siehe Kapitel 3.1.4) (Vgl. Erbe, 2009, S. 42) 1993 wurde die belgische Verfassung erneuert. (Vgl. Kellerer, 2010, S. 3) Artikel 1 besagt: „Belgien ist ein Föderalstaat, der sich aus den Gemeinschaften und den Regionen zusammensetzt." (Vgl. Der belgische Senat) Die nationalen und subnationalen Institutionen der Exekutive und Legislative wurden gleichberechtigt. (Vgl. Kellerer, 2010, S. 3) Durch die Föderalisierung sind die Sprachgruppen im Rahmen ihrer Kompetenzen nunmehr sogar berechtigt, internationale Verträge abzuschließen. (Vgl. Erbe, 2009, S. 42) Bei der Staatsreform von 2001 wurde den Regionen noch mehr Bedeutung zugestanden. Sowohl die Gemeindeaufsicht als auch die Organisation der Gemeinden und Provinzen ist ihnen übertragen worden. Nach wie vor ist der Prozess der Föderalisierung nicht abgeschlossen. (Vgl. Berge / Grasse, 2004) Trotz dieser Bemühungen, Maßnahmen zur Föderalisierungen voranzutreiben, wuchs die innere Zerrissenheit Belgiens immer mehr. (Vgl. Erbe, 2009, S. 43)

2.1.3 Jüngste Entwicklungen

2006 versetzte eine Zeitungsmeldung die Nachbarländer in Erstaunen. Eine im französischsprachigen Teil des Landes ausgestrahlte Nachricht besagte, dass der nördliche Teil Flandern seine Unabhängigkeit erklärt hätte und demnach aus dem belgischen Staatenverband ausscheide. (Vgl. Erbe, 2009, S. 22) Im Zuge dieser Nachricht feierten bereits Tausende Flamen und Fläminnen auf den Straßen, die Enttäuschung folgte, als bekannt wurde, dass man einer Falschmeldung aufgesessen war. Anhand dieses Vorfalls wird die Abneigung der beiden großen Sprachgruppen deutlich. (Vgl. Süßenbach, 2007, S. 3) Diese gegenseitige Antipathie zieht in der Innenpolitik, Wirtschaft und Gesellschaft bis hin zum Bildungswesen und dem kulturellen Leben, Konsequenzen nach sich. (Vgl. Erbe, 2009, S. 23) Durch die Zersplitterung des Parteiensystems und den Interessensgegensätzen der Regionen gibt es mittlerweile seit 2010 keine Regierung mehr. (Vgl. Gabriel / Heinze, 2011) Im März

2011 wurde sogar ein neuer Weltrekord vollbracht. Belgien ist nun jenes Land, welches am längsten ohne Regierung ausgekommen ist. Damit können viele notwendige Reformvorhaben nicht durchgeführt werden. (Vgl. Hasselbach, 2011)

Zusammengehalten werden die beiden Landesteile lediglich vom schwer zu lösenden Problem, was aus Brüssel werden sollte – beide reklamieren die Hauptstadt für sich – und zum anderen durch die Institutionen der Monarchie. (Vgl. Erbe, 2009, S. 43) Eine Trennung könnte jedenfalls dennoch gewaltfrei vor sich gehen. Die alleine möglicherweise nicht überlebensfähige Wallonie könnte Frankreich angeschlossen werden. (Vgl. Hoffmann-Ostenhof, 2010)

2.2 Spanien – Zentralstaat vs Autonome Regionen

2.2.1 Die Ursprünge des spanischen Einheitsstaates

Entscheidend für die Entwicklung eines einheitlichen Spaniens war die Heirat der kastilischen Thronerbin Isabella mit dem aragonienesischen Kronprinzen Ferdinand 1469. Dadurch wurden die Landesteile *Kastilien* und *Aragonien* vereinigt. (Vgl. Hettlage, 1994, S. 149) Spätestens seit 1492 kann man von Spanien als staatliche Einheit mit einer Identität sprechen. (Vgl. Barro / Dirscherl, 1998, S. 429) Dennoch blieb das Land noch jahrhundertelang fragmentiert in verschiedene Nationen mit unterschiedlichen Interessen. (Vgl. Hettlage, 1994, S. 150)

2.2.2 Militärdiktatur, Zweite Republik und Bürgerkrieg

1923 erfolgte ein Putsch des Generals *Miguel Primo de Riveira* zur angeblichen „Rettung des Vaterlandes". Dieser wurde von König *Alfons XIII.* gutgeheißen. Es folgte eine Diktatur *Riveras* von 1923 bis 1930. Sowohl der katalanische als auch der baskische Nationalismus gerieten unter Druck. (Vgl. Seidel, 2010, S. 116f) Dies drückte unter anderem durch das Verbot der regionalen Sprachen als auch der nationalistischen Symbole, beispielsweise den Flaggen, aus. (Vgl. Schlögl, 2008, S 74) 1931 wurde die Zweite Republik ausgerufen. Bei den Kommunalwahlen erzielten neben dem republikanischen und dem monarchistischen Block auch die Nationalisten Erfolge. (Vgl. Seidel, 2010, S. 118) 1936 ging das Wahlbündnis *„Volksfront"* als Sieger hervor. Ihr gehörten sozialistische, sozialrevolutionäre und republikanische Parteien an. (Vgl. Seidel, 2010, S. 124) Im darauffolgenden Bürgerkrieg standen sich Anhänger einer demokratischen Republik und die faschistischen RebellInnen des

Generals *Franco* gegenüber. (Vgl. Schulze-Marmeling, 2010, S. 46) Durch Interventionen nationalsozialistischer, faschistischer und sowjetischer Truppen vergrößerte sich das Leid der Zivilbevölkerung in ungeahntem Ausmaß. Die sich gegenüberstehenden Kriegsparteien waren sehr heterogen. Die Gewalt richtete sich gegen das verhasste Madrider System. Viele Priester und Ordensleute wurden ermordet. Gleichzeitig traten die Monarchisten für die Rückkehr von *Alfons VIII.* ein. (Vgl. Seidel, 2010, S. 125) Die Falange wollte ein faschistisches Staatssystem errichten (Vgl. Falange) und Teile des Militärs forderten eine Militärdiktatur (Vgl. Seidel, 2010, S. 125) Insgesamt forderte der Krieg eine halbe Million Menschenleben, weitere 150000 wurden von den Faschisten exekutiert. (Vgl. Niebel, 2010)

2.2.3 Die Ära Franco

In der Zeit des *Franco*-Regimes wurde die sprachlich-kulturelle Identität der drei sogenannten historischen Nationalitäten (Baskenland, Katalonien, Galicien) unterdrückt. (Vgl. Hildebrand, 1998, S. 103) (Siehe Kapitel 3.2.3) Das Regime betonte die Einheit des spanischen Nationalstaates und hob sämtliche Autonomieregelungen, die während der Zweiten Republik geschaffen wurden, auf. (Vgl. Seidel, 2010, S. 134) Bereits in dieser Zeit forderten nationalistische Parteien im Baskenland (*PNV, EE*) und in Katalonien (*CDC, ERC*) politische Autonomie. (Vgl. Bernecker / Pietschmann, S. 370) Im Zuge der Entwicklungen im Baskenland und Katalonien wurden auch weitere Regionen in ihrem Streben nach Autonomie bestärkt. (Vgl. Hildebrand, 1998, S. 103)

2.2.4 Transistion

Jedoch wurde erst nach dem Tod Francos 1975 im Jahr 1978 ein pluralistisches Spanien durch die Verfassung anerkannt. In dieser Verfassung wurde der Status der *Autonomen Regionen* manifestiert. (Vgl. Barro / Dirscherl, 1998, S. 430) In Katalonien wurde die Selbstregierung wiederhergestellt und im Baskenland der Baskische Generalrat. (Vgl. Hildebrand, 1998, S. 104) Zwar gab es bereits in früheren Verfassungen Ansätze zur Dezentralisierung in Spanien, jedoch kam es nur für das Baskenland und für Katalonien zu praktischen Erfahrungen damit. (Vgl. Busch, 1988, S. 9-13) Seit 1983 besitzen die Regionen eigene Verfassungen. (Vgl. Göbel, 1994, S. 627) Die Gründung des Autonomiestaates kann als Antwort des immer stärker auftretenden Regionalismus vor allem im Baskenland und in Katalonien nach dem Tod Francos 1975 verstanden werden. Die Autonomen Gemeinschaften sollen die regionale Vielfalt Spaniens in politischen Institutionen widerspiegeln. (Vgl. Hildebrand, 1998, S. 101)

2.2.5 Jüngste Entwicklungen

1996 benötigte die *Partido Popular* nach ihrem Wahlsieg die Unterstützung der bürgerlichen NationalistInnen Kataloniens (*CiU*), des Baskenlandes (*PNV*) und der Kanarischen Inseln (*CC*) um regieren zu können. Im Gegenzug wurden den Regionen größere Finanzleistungen zugesprochen. Ab diesem Zeitpunkt konnten die Regionen anstatt bisher 15 % nun über 30% der Lohn- und Einkommenssteuer eigenverantwortlich verfügen. (siehe Kapitel 3.2.5.) Gleichzeitig wurde die Verantwortung der Häfen und der Arbeitsämter den Regionen übertragen. Durch die steigende Bedeutung von Regionalparteien konnte die Regierung nicht jene spanisch-nationalistische Politik betreiben, wie es im Wahlkampf angekündigt wurde. (Vgl. Bernecker / Dirscherl, 1998, S. 18f)

Der Begriff „Nationalität" ist dem Baskenland, Katalonien und Galicien, also den *„historischen Nationalitäten"* vorbehalten. Sie unterscheiden sich vom übrigen Spanien nicht nur historisch, sondern auch sprachlich-kulturell und teilweise ethnisch. (Vgl. Bernecker / Pietschmann, S. 370) Die Sonderstellung der drei *„historischen Nationalitäten"* Baskenland, Katalonien und Galicien wird von den restlichen Regionen abgelehnt und verschärft die politische und gesellschaftliche Spaltung des Landes. (Vgl. Eichhorst, 2005, S. 193) Die Bedeutung regionaler Parteien wuchs bei Wahlen auf der Ebene der Autonomen Gemeinschaften. In den verschiedenen Regionen existieren eigene Parteiensysteme mit unterschiedlichen Strukturen und Entwicklungen. (Vgl. Bernecker / Pietschmann, S. 372) Seit 2006 darf sich Katalonien als *„Nation"* bezeichnen. (Vgl. Scharfreiter-Carrasco, 2006)

2.3 Das Vereinigte Königreich und seine Einzelstaaten

2.3.1 Die Ursprünge des Vereinigten Königreichs

Wales wurde schon im 13. Jahrhundert an England angebunden. Staatsrechtlich existiert Wales nicht mehr, der Begriff *„England"* schließt in diesem Sinne das Gebiet Wales ein. Im Jahr 1706/07 vereinbarten die bis dahin selbstständigen Königreiche England und Schottland, sich aufzulösen und einen gemeinsamen neuen Staat, Großbritannien, zu bilden. Diese Vereinigungserklärung ist im *Act of Union* festgeschrieben. (Vgl. Weber, 1999, S. 183f) Grund für die Vereinigung war unter anderem die aussichtslose Lage der schottischen Wirtschaft zu jener Zeit. Trotzdem war die Bevölkerungsmehrheit gegen einen Bund mit

England. (Vgl. Morawietz, 2009) Denn mit diesem Bündnis wurde das schottische Parlament zugunsten eines gemeinsamen Parlaments mit England aufgegeben. (Vgl. Baedeker, 2000, S. 21) In diesem sind auch eine Reihe von weiteren Einzelfestlegungen getroffen worden, unter anderem wurde die Weiterführung des schottischen Rechts- und Gerichtswesens vereinbart. (Vgl. Weber, 1999, S. 183)

1801 entstand das Vereinigte *Königreich von Großbritannien und Irland.* Bereits zuvor wurde Irland vom britischen Königreich beherrscht. (Vgl. Weber, 1999, S. 184) Im 19. Jahrhundert wanderten viele IrInnen nach Schottland ein. Die meisten von ihnen waren, im Gegensatz zu den Einheimischen, KatholikInnen. Die Gegensätzlichkeit zwischen Katholizismus und Protestantismus bestimmt heute noch die Rivalität der beiden Glasgower Fußballklubs, dem katholischen *Celtic Glasgow* und dem protestantischen *Glasgow Rangers.* Die Zugehörigkeit zu einer Konfession hat allerdings so gut wie keinen Einfluss auf Unabhängigkeitsbestrebungen Schottlands. (Vgl. Maurer, 2010, S. 219)

Sowohl Wales als auch Schottland verloren ihre Rechtspersönlichkeit, es entstand demzufolge also kein föderales System. (Vgl. Weber, 1999, S. 184)

2.3.2 Erster Weltkrieg und der Ausstieg Irlands

Im ersten Weltkrieg erwiesen sich die SchottInnen als britische PatriotInnen und kämpften an der Seite der EngländerInnen. Erstere zählten nach vier Jahren doppelt so viele Gefallene als Zweitere, womit sie ihrem Ruf als besonders tapfere und todesmutige SoldatInnen einmal mehr gerecht wurden. Dieser Krieg schmiedete Schottland und England fester aneinander als zuvor. (Vgl. Maurer, 2010, S. 233) Infolge des Krieges trat 1922 ein Großteil der irischen Grafschaften aus der Union aus, somit wurde das Reich in *Vereinigtes Königreich von Großbritannien und Nordirland* umbenannt. (Vgl. Weber, 1999, S. 184) Dazu zählen England, Schottland, Wales und Nordirland. (Vgl. Baedeker, 2000, S. 10)

2.3.3 Jüngste Entwicklungen

Seit den 60er Jahren wurde die *Devolution,* also stärkere föderale Strukturen, gefordert. (Vgl. Mergel, 2005, S. 168) Die Wahlen von 1979, welche *Margareth Thatcher* für sich entscheiden konnte, brachten eine schwere Niederlage sämtlicher Autonomiebewegungen innerhalb des Vereinigten Königreiches. Erst 1997, mit dem Wahlsieg der *Labour Party,* kam das Thema wieder an die Tagesordnung. *Tony Blair* – der schottische Wurzeln hat (Vgl. Maurer, 2010, S. 293) – war schon mit dem Versprechen der *Devolution* angetreten. (Vgl.

Mergel, 2005, S. 171) Dies war ein Versprechen an die schottische und walisische Bevölkerung. (Vgl. Maurer, 2010, S. 293) Er verwirklichte die Durchsetzung eines Referendums vor und nicht nach dem Erlass eines Gesetzes. Vier Monate später wurde eine Volksabstimmung initiiert, in der eine überwiegende Mehrheit der SchottInnen für ein eigenes Parlament mit finanziellen Vollmachten stimmte. (Vgl. Mergel, 2005, S. 171) Sämtliche wichtige Parteien in Schottland, also sowohl die *SNP*, als auch die *Labour* und die *Liberal Party,* unterstützten dieses Vorhaben. (Vgl. Maurer, 2010, S. 293) Hingegen fiel in Wales der Entscheid zugunsten der Vollmachten nur hauchdünn aus. Im Gegensatz zu Schottland verfügt Wales über weitaus weniger Vollmachten. (Vgl. Mergel, 2005, S. 171f) Es verfügt zum Beispiel über keinerlei Steuerkompetenz. (Vgl. Kay, 2008, S. 62)

Die Entwicklung der Föderalisierung ist nach wie vor im Gange. (Vgl. Mergel, 2005, S. 172)

2.4 Vergleich

Die Vereinigung Spaniens wurzelt im 15. Jahrhundert, in welchem Kastilien und Aragonien vereinigt wurden. Wales wurde schon im 13. Jahrhundert an England angeschlossen, die Vereinigung mit Schottland erfolgte Anfang des 18. Jahrhunderts. 1801 kam auch noch Irland hinzu, der Großteil des Landes wurde jedoch 1922 unabhängig von England. Bis heute sind irische Einflüsse in Schottland zu verzeichnen. Die mit Abstand jüngste gemeinsame Geschichte verschiedener Landesteile weist Belgien auf, da man erst seit 1830 als einheitlicher, von andern Staaten unabhängiger Staat auftreten konnte.

In allen drei Ländern gab es schon zu Beginn Differenzen zwischen den verschiedenen Landesteilen.

In Belgien begann sich der Gegensatz zwischen den Sprachgruppen in den 1960er Jahren zu vertiefen. Die Krise dauert bis heute an, bei den jüngsten langwierigen Koalitionsverhandlungen wurde und wird dies einmal mehr sehr deutlich. Zwar wurden in den letzten Jahrzehnten tiefgehende Föderalisierungsmaßnahmen durchgesetzt, dennoch scheint die Kluft zwischen den EinwohnerInnen beider Landesteile tiefer denn je zu sein.

Die tiefe Abneigung gegen den Zentralismus in Spanien wurde vor allem durch die Unterdrückung der diktatorischen Regime gestärkt. Vor allem unter Francos Herrschaft wuchs der Hass auf den Zentralstaat. Nach dessen Tod und dem Ende der Diktatur erreichten die Autonomiebewegungen regen Zulauf. Regionale und nationalistische Parteien wurden immer wichtiger. 1987 wurde der Status der Autonomen Regionen durchgesetzt. Die nationalistischen Parteien sind pragmatisch im Umgang mit den Großparteien.

Im Vereinigten Königreich wurde seit den 1960er Jahren (vor allem durch die schottische

Nationalpartei) eine Devolution gefordert. Hier setzten die Föderalisierungsmaßnahmen am spätesten ein, nämlich in den 1990er Jahren. Erst 1998 wurde ein eigenes schottisches Parlament eingesetzt.

3 Beweggründe für Unabhängigkeitsbestrebungen

3.1 Flandern

3.1.1 Einleitung

In etwa 40 Prozent der flämischen Bevölkerung identifizieren sich primär mit der flämischen Gemeinschaft und nur 42 Prozent sehen sich in erster Linie als BelgierIn. (Vgl. Kellerer, 2010, S. 8) Historisch gewachsene Ressentiments sowie das Armutsgefälle zwischen den beiden großen Landesteilen Flandern und der Wallonie sind die wichtigsten Ursachen für Unabhängigkeitsbestrebungen in Belgien. (Vgl. Schmitz-Reiners, 2007) Noch spricht sich eine klare Mehrheit für den belgischen Einheitsstaat aus. Doch nicht einmal die Hälfte glaubt, dass dieser in 20 Jahren noch bestehen wird. (Vgl. Woyke, 2009, S. 475) Vor allem flämische Eliten streben nach Unabhängigkeit. Je höher der Bildungsgrad ist, umso eher wird Autonomie gewünscht. (Vgl. Kellerer, 2010, S. 8)

3.1.2 Historisch begründete Motive

Zur Flämischen Region gehört das niederländische Gebiet mit den Provinzen Westflandern, Ostflandern, Antwerpen, Limburg und Flämisch-Brabant. (Vgl. Nowak, 1994, S. 160) Die Region Flandern kann kaum auf eine gemeinsame Geschichte verweisen, der Begriff *Flamen* existiert sogar erst seit 150 Jahren. Erst zwischen 1840 und 1860 etablierten sich die Gebiete des heutigen Flanderns. (Vgl. Hecking, 2003, S. 84) Dennoch fühlen sich laut einer 1999 durchgeführten Umfrage knapp über 40 Prozent gleichermaßen sowohl als Flame bzw. Flämin als auch als BelgierIn. Das Zugehörigkeitsbewusstsein zur eigenen Sprachregion ist in Flandern deutlich ausgeprägter als in der Wallonie. Für eine völlige Loslösung des Landesteiles sprachen sich zu diesem Zeitpunkt allerdings nur 12 Prozent aus. (Vgl. Erbe, 2007, S. 97)

Im 19. Jahrhundert war die Wallonie ein Zentrum des industrialisierten Europas. Die WallonInnen waren reich und wurden zur Elite. Dies ließen sie den Flamen und Fläminnen zum Beispiel bei der Unterdrückung der Sprache (siehe Kapitel 3.1.3) spüren. (Vgl. Hoffmann-Ostenhof, 2010) Zu jener Zeit galt Flandern als Armenhaus Belgiens. (Vgl. Schmitz-Reiners, 2007)

Seit den 1940er Jahren entwickelte sich das Bevölkerungswachstum zugunsten der der flämischen Gesellschaft, weshalb der Ruf nach mehr politischer Mitbestimmung lauter wurde. 1970 lag der Anteil an frankophonen WallonInnen (ausgenommen der Brüsseler Bevölkerung) nur mehr bei 32 Prozent. (Vgl. Erbe, 2009, S. 37) Das wirtschaftlich ursprünglich unterentwickelte Flandern wurde zwischen 1965 bis 1976 zum Motor des Landes. Gründe hierfür lagen im Rückgang der Wertschöpfung im Bergbau, was vor allem die rückständige wallonische Kohleproduktion betraf. Die Flamen und Fläminnen verstanden es, ihre Wirtschaftskraft auf profitablere Wirtschaftszweige zu verlagern und sich auf Dienstleistungen zu konzentrieren. Daraus resultierte ein gesteigertes Selbstbewusstsein der flämischen EinwohnerInnen. (Vgl. Erbe, 2009, S. 93)

3.1.3 Ökonomische Motive

Der nördliche Teil Belgiens will nicht länger Nettozahler für die wirtschaftlich weitaus schwächere Wallonische Region sein. Vom derzeitigen belgischen Staatsmodell profitieren die WallonInnen, welche deshalb das belgische Einheitsmodell favorisieren. (Vgl. Gabriel, Hetzel, 2011) Man kann in Belgien von einer existierenden „Wohlfahrtsgrenze" sprechen: (Vgl. Hecking, 2003, S. 75) Flandern ist merklich reicher als Wallonien. (Vgl. Woydt, 1998) Hier liegt das Einkommen bei 118 Prozent des EU-Durchschnitts, während es in der Wallonie nur bei 85 Prozent liegt. (Vgl. Hoffmann-Ostenhof, 2010) Dies liegt vor allem an den günstig liegenden Häfen in Antwerpen und Seebrücken. Die Gebiete um Antwerpen sind heute das wirtschaftliche Zentrum Belgiens. (Vgl. Süßenbach, 2007, S. 11) Der südliche Landesteil hat außerdem mit großen Strukturproblemen zu kämpfen; die Arbeitslosenquote beträgt etwa 17 bis 21 Prozent und übersteigt somit die flämische deutlich. (Vgl. Gabriel, Hetzel, 2011) Die Pro-Kopf Produktivität ist im südlichen Landesteil um ein Fünftel niedriger als im nördlichen Pendant. (Vgl. Hoffmann-Ostenhof, 2010) Jährlich werden über zehn Milliarden Euro von Flandern in die Wallonie überwiesen, (Vgl. Hetzel, 2007) was 6,6 Prozent des flämischen Sozialproduktes ausmacht. (Vgl. Reichenstein, 2005) Für viele Flamen sind die Transferzahlungen undurchsichtig und zu großzügig bemessen. (Vgl. Vlaams Belang) Bis vor einigen Jahren war die Teilung Belgiens nur für Rechtspopulisten ein Thema. Doch mittlerweile ist der Wille, Belgien zu spalten, zum Allgemeingut geworden. (Vgl. Vogt, 2010) Dies zeigt sich zum Beispiel am 2005 veröffentlichten Manifest von führenden Vertretern der flämischen Wirtschaft. Darin heißt es, dass die finanzielle Umverteilung von Flandern in die Wallonie zu hoch sei. Außerdem sei das komplizierte föderale System Belgiens zu teuer. (Vgl. Reichenstein, 2005)

3.1.4 Institutionelle Unabhängigkeit

1980 wurde in Belgien eine umfassende Staatsreform durchgeführt. (Vgl. Koll, 2007, S. 4) Dabei erhielten die drei Regionen – das niederländischsprachige Flandern, die französischsprachige Wallonie und das zweisprachige Brüssel – eigene Parlamente. (Vgl. Kellerer, 2010, S. 4) Ursprünglich galten diese als wirtschaftliche Einheiten. Sie sind unter anderem zuständig für Umwelt- und Wasserpolitik, Wirtschafts- und Energiepolitik, Wohnungsbau und Infrastruktur. (Vgl. Berge / Grasse, 2004) Daneben entstanden drei Gemeinschaften, nämlich die flämische, die wallonische und die deutschsprachige. Diese bildeten sprachgebundene Kultureinheiten (Vgl. Berge / Grasse, 2004) und bekamen ebenfalls eigene Parlamente und Regierungen. (Vgl. Koll, 2007, S. 37) Die flämische und die wallonische Gemeinschaften sind auch in Brüssel aktiv. Dementsprechend gibt es dort sowohl frankophone als auch niederländischsprachige Schulen. Die Gemeinschaften sind zum Beispiel für folgende Politikbereiche verantwortlich: Sprach- und Kulturpolitik, Bildung, Medien, Gesundheit, Sozialfürsorge. (Vgl. Berge / Grasse, 2004) Im Zuge dieser Staatsreform vereinigten sich die Flämische Region und die Flämische Gemeinschaft, während in der Wallonischen Region dieser Schritt nicht vollzogen wurde. (Vgl. Hecking, 2003, S. 47) Durch die Zusammenlegung der Region und der Gemeinschaft in Flandern werden weniger Kosten verursacht als in der Wallonie. (Vgl. Delmartino, 2004, S. 63) Im Zuge weiterer Staatsreformen wurden mehr und mehr Kompetenzen des Bundesstaates auf die subnationale Ebene verschoben. (Vgl. Kellerer, 2010, S. 5)

3.1.5 Die Sprachenfrage

Darüber hinaus ist der Sprachenstreit von Bedeutung, (Vgl. Gabriel / Hetzel, 2011) welcher „seit dem frühen 19. Jahrhundert geführt wurde" (Erbe, 2009, S. 25) Obwohl dieser viele Regierungsstürze und politische Krisen ausgelöst hat (Vgl. Nowak, 1994, S. 157) steht er nicht im Zentrum des flämisch-wallonischen Interessenskonfliktes. (Vgl. Schilling / Taubrich, 1989, S. 107) Oft ist dieser Konflikt nur ein Vorwand für tiefergehende Streitigkeiten zwischen den Volksgruppen, bei dem es um Macht und Territorium geht. (Vgl. Kellerer, 2010, S. 6) Die Sprachhomogenität und Region sind meist identisch. (Vgl. Hecking, 2003, S. 69) Als flämisch gelten zum einen sämtliche im Norden gesprochene niederländische Dialekte und zum anderen das Hochniederländische. (Vgl. Erbe, 2009, S. 27) Der Anteil jener, die die Sprache der jeweils anderen Volksgruppe sprechen, ist sehr gering. (Vgl. Hecking, 2003, S. 72)

Im 19. Jahrhundert sahen sich die aufgrund ihrer prosperierenden Wirtschaft reicheren WallonInnen als Elite. (Vgl. Hoffmann-Ostenhof, 2010) Im Zuge dessen wurde Französisch als Sprache der Regierung und des tonangebenden Bürgertums und Flämisch als Bauernsprache angesehen. (Vgl. Göbel, 1994, S. 84) Französisch wurde zur Verwaltungssprache Belgiens. Auch an Universitäten und Mittelschulen setzte sich die Französisierung fort. Diese hemmte das flämische Kleinbürgertum an ihrem sozialen Aufstieg. (Vgl. Wils, 2001) Dies führte sogar dazu, dass selbst die flandrische Oberschicht nicht mehr flämisch sprechen wollte. (Vgl. Hoffmann-Ostenhof, 2010) Erst ab 1873 gestattete die Regierung den Flamen und Fläminnen, ihre Sprache im Umgang mit Behörden und Gerichten zu gebrauchen (Vgl. Schmitz-Reiner, 2007) und erst 1936 wurde eine simultane Übersetzung im belgischen Parlament eingerichtet. Bis dahin musste dort Französisch gesprochen werden. (Vgl. Nowak, 1994, S. 159) Die Unterdrückung des Flämischen erweckte Rachegelüste und ist eine der Hauptursachen für den gegenwärtig immer stärker werdenden flämischen Separatismus. (Vgl. Hoffmann-Ostenhof, 2010) Durch die Rachegefühle der Flamen und Fläminnen ist so gut wie keine nationale Solidarität mehr vorhanden. (Vgl. Schmitz-Reiner, 2007)

3.1.6 Religiöse und ideologische Motive

Überdies bestehen ideologische Differenzen. Das ländliche Flandern gilt als eher katholisch, während die Wallonie eher sozialistisch geprägt ist. (Vgl. Schmitz-Reiners) In Wallonien haben deshalb linke Parteien bessere Chancen, in Flandern rechte. (Vgl. Goavert, 2010) Darüber hinaus sind gegenseitige Vorurteilsstrukturen vorhanden. (Vgl. Berge / Grasse, 2004) Für viele Flamen und Fläminnen sind die WallonInnen die Hauptschuldigen an der ihrer Meinung nach falschen Einwanderungspolitik. Neben der positiven Haltung zur Einwanderung aus muslimischen Staaten lehnen die Flamen und Fläminnen auch die wallonischen Vorstellungen eines Umverteilungsstaates ab. (Vgl. Vogt, 2010) Dies liegt vor allem daran, dass dem vermeintlich reformunwilligen Süden vorgeworfen wird, den Norden in seiner Entwicklung zu hemmen. (Vgl. Berge / Grasse, 2004) Hinsichtlich Kultur und Religion entspricht Flandern eher den Niederlanden. (Vgl. Göbel, 1994, S. 84) Die lange Zeit unterdrückte Kultur der Flamen und Fläminnen begünstigte das Entstehen eigener Organisationen und Interessensgruppen, die die Wahrung und Förderung der eigenen Kultur zum Ziel hatte. (Vgl. Kellerer, 2010, S. 6) Als Kulturgrenze besteht vor allem auch die Sprachgrenze. (Vgl. Hecking, 2003, S. 73)

3.2 Baskenland / Katalonien

3.2.1 Einleitung

Im Kreis der Autonomen Regionen spielen das Baskenland und Katalonien aus
ökonomischen, kulturellen und historischen Gründen eine herausragende Rolle. (Vgl.
Borgmann, 1991, S. 2) Für den bekannten baskischen Intellektuellen Fernando Savater waren
das Baskenland und Katalonien nie freiwillig ein Teil Spaniens, sondern fühlten sich „stets als
seine Gefangenen, seine Kolonien oder seine Opfer". Seiner Meinung nach hat sich im 20.
Jahrhundert das Bewusstsein Katalane oder Baske zu sein vor allem darauf begründet, *nicht*
spanisch zu sein. (Vgl. Savater, 1984, S. 87)

Wegen ihrer eigenen Geschichte im Mittelalter fühlen sich die KatalanInnen heute noch als
eigene Gruppe und lehnen den spanischen Zentralismus ab. (Vgl. Nowak, 1994, S. 26) Nur
ungefähr jedeR Fünfte fühlt sich jedoch ausschließlich als Katalane. (Vgl. Schulze-
Marmeling, 2010, S. 181) Dennoch befürwortet fast die Hälfte der katalanischen Bevölkerung
eine Loslösung von Spanien. (Vgl. Niebel, 2010)

Mit dem Baskenland identifizieren sich gegenwärtig ungefähr 90 Prozent der Bevölkerung,
doch für 60 Prozent ist die spanische Identität mit der baskischen vereinbar. Nur knapp ein
Drittel sieht sich ausschließlich als Basken. (Vgl. Seidel, 2010, S. 163) Über 70 Prozent sind
mit dem bestehenden Autonomiestatus im Großen und Ganzen zufrieden. (Vgl. Seidel, 2010,
S. 177)

Zwar erhält das Baskenland im Ausland aufgrund der Terrororganisation *ETA* eine höhere
Aufmerksamkeit im Ausland, trotzdem hat das regionale Bewusstsein in den letzten Jahren
am stärksten in Katalonien zugenommen. Für das Ziel, einen eigenen, unabhängigen Staat zu
errichten, spricht sich sowohl in Katalonien als auch im Baskenland nur eine Minderheit aus.
(Vgl. Hildebrand, 1998, S. 110f) Es gäbe weitaus weniger extremistische Nationalisten, wenn
nicht nach wie vor ein zentralistischer Druck von Madrid aus spürbar wäre. Gleichzeitig wäre
die Ablehnung gegenüber der baskischen sowie der katalanischen Eigenständigkeit nicht so
ausgeprägt, würden diese weniger aggressiv gegenüber den „Restspaniern" auftreten. (Vgl.
Barro / Dirscherl, 1998, S. 434)

3.2.2 Historisch begründete Motive

Von allen Regionen Spaniens ist der politische Regionalismus in Katalonien und im
Baskenland am stärksten ausgeprägt. (Vgl. Hildebrand, 1998, S. 112) Die politische

Grundüberzeugung der verschiedenen Regionalismen war und ist unterschiedlich. Es gibt Gruppierungen, die konsensbereit zur Zentralregierung sind, aber auch welche, die die totale Unabhängigkeit fordern. (Vgl. Bernecker / Pietschmann, S. 372) Seit 2000 Jahren trotzten die Basken allen Assimilationsversuchungen. (Vgl. Nowak, 1994, S. 81) Das spanische Baskenland verfügt seit dem Jahr 1979 über einen eigenständigen Autonomiestatus. (Vgl. Riedel, 2006, S. 22) Katalonien war nur im frühen Mittelalter ein selbstständiger Staat mit eigenständiger Kultur und Sprache. Wegen dieser eigenständigen Geschichte fühlen sich die KatalanInnen heute noch als eigenes Volk mit eigener Kultur und lehnen den spanischen Zentralismus ab. (Vgl. Göbel, 1994, S. 361) Im Gegensatz zur absoluten Monarchie in Kastilien entwickelten sich in Katalonien schon im frühen 13. Jahrhundert eine Mitbestimmung der Stände und eine der ersten parlamentarischen Regierungen der Welt. (Vgl. Schulze-Marmeling, 2010, S. 181) Im 12. Jahrhundert wurde Katalonien mit Aragón und im 15. Jahrhundert mit Kastilien vereinigt. Schon seit damals gab es Unabhängigkeitsbestrebungen. Diese gingen vor allem von einem starken Bürgertum von der katalanischen Hauptstadt Barcelona aus. (Vgl. Göbel, 1994, S. 361) Als der Bourbone Philipp V. 1714 Barcelona eroberte, wurden alle autonomen Institutionen Kataloniens abgeschafft. Zum Gedenken an diese Niederlage wird noch heute an jedem 11. September erinnert. Die katalanischen „Renaixanca" läutete den Weg der Eigenständigkeit ein. Diese kulturelle Renaissance wurde durch den industriellen und wirtschaftlichen Aufschwung möglich. (Vgl. Nowak, 1994, S. 175) Doch Anfang des 20. Jahrhunderts hatte Barcelona mit wirtschaftlichen, sozialen und politischen Problemen zu kämpfen. Auf diesem Boden wurde sie eine Stadt des Widerstandes und Protests. Gewerkschaften und anarchistische Arbeiterbewegungen gewannen an Bedeutung. (Vgl. Schulze-Marmeling, 2010, S. 33) Als Primo de Rivera 1923 eine Militärdiktatur durchsetzte, waren die konservativen Kräfte Kataloniens zunächst auf seiner Seite, da vage Autonomieversprechen gemacht wurden. Doch da diese nie eingehalten wurden, rückte das Bürgertum rasch auf Distanz zum Regime. (Vgl. Schulze-Marmeling, 2010, S. 39) 1932 erhielt Katalonien schließlich einen Autonomiestatus. In der Franco-Zeit wurden die KatalanInnen unterdrückt. (siehe Kapitel 3.2.3) (Vgl. Nowak, 1994, S. 175) 1939 marschierten falangistische Schlägertrupps in Barcelona ein und übernahmen das Kommando. (Vgl. Schulze-Marmeling, 2010, S. 56) In den Jahren des Übergangs von der Diktatur zur Demokratie (1976-1980) kam es zu einem explosionsartigen Anstieg des regionalen Bewusstseins. (Vgl. Hildebrand, 1998, S. 109) Vor allem im Baskenland und in Katalonien war die Forderung nach Redemokratisierung mit regionalistischen Zielen verbunden. Dies wird verständlich, wen man bedenkt, dass gerade diese Regionen im Franco-Regime unter massiven Repressionen zu leiden hatten. (Vgl. Hildebrand, 1998, S. 103)

3.2.3 Unterdrückung durch zentralistische Kräfte

Im Abwehrkampf gegen Francos Truppen waren die baskischen Streitkräfte unterlegen. Die Aufständischen um Franco wurden von italienischen und deutschen Truppen unterstützt. Im Baskenland gilt *Guernica* als mythischer Ort, der für die „baskische Freiheit" steht. Im spanischen Bürgerkrieg wurde das Städtchen 1937 mit deutscher Beteiligung in Schutt und Asche gelegt. Grausame Angriffe auf weitere Städte wie Bilbao und Durango folgten. (Vgl. Seidel, 2010, S. 129f)

Nach der Eroberung von Katalonien und dem Baskenland von Franco setzten umgehend Repressionsmaßnahmen ein: Die öffentliche Verwaltung wurde durch Beamte aus anderen Teilen Spaniens ersetzt, selbst das kirchliche Personal blieb davon nicht verschont. Der Gebrauch des Baskischen sowie des Katalanischen im öffentlichen Raum wurde unter Strafe gestellt. Der Schulunterricht wurde von Lehrern aus anderen Regionen Spaniens übernommen. Regionalistische Denkmäler wurden abgerissen, Straßen- und Geschäftsnamen wurden durch kastilische Namen ersetzt. (Vgl. Hettlager, 1994, S. 159)

Im Baskenland wurden vermeintliche oder tatsächliche Aktivisten und Sympathisanten nun verbotener Organisationen von Sondergerichten und Militärtribunalen drakonisch bestraft. Von Verurteilungen war zumeist die ganze Familie betroffen. Soziale und wirtschaftliche Existenzen zahlloser Menschen wurden durch Enteignungen und hohe Geldstrafen ruiniert. Rufmord, Denunziationen und vor allem Rache waren Gang und gäbe. Schätzungsweise 60000 Basken waren im Zeitraum von 1936 und 1945 Opfer von Repressionen. Ungefähr 2000 Menschen wurden hingerichtet. So entwickelten sich Ohnmachts- und Hassgefühle gegenüber den neuen Machthabern. (Vgl. Seidel, 2010, S. 131f)

Den BewohnerInnen Kataloniens erging es genauso. (Vgl. Nowak, 1994, S. 82) Schon Primo de Rivera – der ab 1923 an der Spitze der Militärdiktatur stand – ging gegen die katalanische Sprache und deren Symbole vor. Schon damals radikalisierten sich separatistische Bestrebungen. (Vgl. Schulze-Marmeling, 2010, S. 33) Nach dem Sieg Francos wurden die KatalanInnen noch mehr unterdrückt. Die Autonomie wurde abgeschafft. Das Regime strebte eine Assimilation an. (Vgl. Nowak, 1994, S. 175) Zunächst untersagte das Regime katalanischen Unternehmern sogar, Investitionen in ihrem Gebiet durchzuführen. (Vgl. Hettlage, 1994, S. 160) Doch in den 1960er Jahren nahm das Bewusstsein für eine eigenständige Kultur wieder zu und in den 1970ern formierten sich illegale Widerstandsgruppen. (Vgl. Schulze-Marmeling, 2010, S. 94)

Gerade durch die Betonung des spanischen Einheitsstaates wurde kulturelles Minderheitsbewusstsein immer ausgeprägter. Durch die Unterdrückung von außen wurde die Solidarität nach innen gestärkt. Die Mitgliedschaft in „unpolitischen" Clubs, Lesezirkel, Besuche von bestimmten Theaterstücken, kirchliche Tagungen usw. zeugen von einer subtilen Form der Opposition. Es entstand ein Netz von Vereinen und Gruppen, Selbsthilfe-Organisationen und Privat-Initiativen, welches von der Zentralmacht kaum kontrollierbar war. (Vgl. Hettlage, 1994, S. 160)

3.2.4 Ökonomische Motive

Zweifelsohne gibt es wirtschaftliche Ungleichheiten zwischen den Regionen. Katalonien, welches die größte Wirtschaftskraft besitzt, erweckt Neidgefühle in anderen Regionen. Gleichzeitig fürchten katalanische Politiker um die internationale Wettbewerbsfähigkeit Kataloniens in Anbetracht dessen, dass Katalonien Zahlmeister innerhalb der Regionen ist. (Biosca, 1997, S. 6) Der wirtschaftliche Erfolg wurzelt in historischen Gegebenheiten. (Vgl. Kamen, 2005, S. 196-204) Im 14. Jahrhundert wohnten bereits 50000 Menschen in Barcelona. Damit konnte eine innerkatalanische Arbeitsteilung verwirklicht werden. (Vgl. Treidel, 2001, S. 58) Die Region um die Stadt fand schon früh den Anschluss an die industrielle Entwicklung Europas. Im 18. Jahrhundert wuchs sie mit ihren Kaufleuten und HändlerInnen zur reichsten Region der iberischen Halbinsel heran, noch vor Madrid. Vor allem in den Bereichen der Textilproduktion und Metallindustrie war man führend. (Vgl. Schulze-Marmeling, 2010, S. 23) Im 19. Jahrhunderts entstanden nach britischem und holländischem Vorbild Handelskammern und Manufakturen. Mit dieser Entwicklung erstarkten regionalistische Tendenzen. Die Industrie forderte Schutzzölle, wohingegen die Madrider Zentralregierung für den Freihandel eintrat. (Vgl. Treidel, 2001, S. 58) Auch die katalanische Literatur erreichte dadurch eine Hochkonjunktur. (siehe Kapitel 3.2.6) Zu jener Zeit erschien die Zentralmacht Madrid als bürokratischer Schmarotzer, der sich auf Kosten von dynamischen Regionen wie Katalonien ernährte. (Vgl. Schulze-Marmeling, 2010, S. 23) 1918 erwirtschaftete Katalonien fast die Hälfte des industriellen Steueraufkommens von Spanien. Aber auch im Bereich der Agrarwirtschaft war man weit produktiver und konkurrenzfähiger als der Rest Spaniens. (Vgl. Hettlage, 1994, S. 154) Auch heute stellt die wirtschaftliche Überlegenheit Kataloniens einen wesentlichen Aspekt der Unabhängigkeitsforderung dar. Nach Madrid ist Katalonien die zweitreichste Region Spaniens, und deshalb finanziert man viele Haushalte ärmerer Regionen Spaniens mit katalanischen Steuergeldern mit. (Vgl. Scharfreiter-Carrasco, 2006) Die baskische Wirtschaft wuchs Anfang des 20. Jahrhundert überdurchschnittlich schnell. Die baskische Eisenerzförderung wurde zur wichtigsten in Europa. Der Großraum Bilbao erreichte eine dominierende Stellung im Stahlbau. Tausende ArbeiterInnen wurden in der Produktion beschäftigt. Eine der bedeutendsten Hafenanlagen demonstriert die Bedeutung der baskischen Industrie jener Zeit. Es entwickelten sich riesige Seehandelsimperien. Der Seehandel erreichte während des ersten Weltkrieges seinen Höhepunkt infolge der spanischen Neutralität. (Vgl. Seidel, 2010, S. 96f) Bald wurden mächtige Banken gegründet, von denen zwei, nämlich die *Banco de Bilbao* und die *Banco de Vicaya* zu den wichtigsten Säulen des spanischen Finanzsystems wurden. Das aufkommende Bürgertum profitierte von diesen wirtschaftlichen Entwicklungen. (Vgl. Seidel, 2010, S. 99) Bald zeigten sich aber auch die Schattenseiten der Industrialisierung. Durch die Entstehung industrieller Ballungsräume entstand ein städtisches Proletariat. Die soziale Frage wurde immer wichtiger. Begleitet wurde diese vom stärker werdenden baskischen Nationalismus. (Vgl. Seidel, 2010, S. 101) Wie in vielen europäischen Ländern waren die Protagonisten der modernen Auseinandersetzung die Arbeiterschaft (die sich unter anderem in der neu gegründeten Arbeiterpartei *Partido Socialista Obrero Espanol* und der Gewerkschaft *Unión General de Trabajadores* organisierten) und das Unternehmertum. Im Baskenland kam jedoch auch dem baskischen Nationalismus eine bedeutende Rolle zu. (Vgl. Seidel, 2010, S. 103) In den 1950er und 1960er Jahren zählte das Baskenland vor allem durch die boomende Montageindustrie zu den wohlhabendsten Regionen Spaniens. (Vgl. Kirsche, 2000) In den darauffolgenden Jahrzehnten führte eine schwere Wirtschaftskrise im Baskenland zur Radikalisierung des Nationalismus. Besonders junge Menschen waren von Arbeitslosigkeit betroffen. (Vgl. Seidel, 2010, S. 159) Diese lang anhaltende Strukturkrise wurde zu einem erheblichen Anteil durch das Ende der fordistischen Massenproduktion ausgelöst. (Vgl. Kirsche, 2000) Ende der 90er Jahre wuchs die baskische Wirtschaft erneut überdurchschnittlich schnell. (Vgl. Europäische Kommission) Heute gehört das Baskenland zu den wohlhabenden Regionen Spaniens. (Vgl. Instituto Nacional de Estadídisca, 2007)

3.2.5 Institutionelle Unabhängigkeit

1999 wurden im Statut von Gernika mehrere Autonomierechte festgeschrieben: (Vgl. Lehmann, 2000) Seitdem besitzt das Baskenland eine autonome Finanzverwaltung mit Gesetzgebungs- und Verwaltungbefugnissen. Die Finanzbehörden ziehen Mehrwerts-,

Einkommens-, Körperschafts-, Vermögens-, Erbschafts- und Schenkungssteuer eigenhändig ein. (Vgl. Schlögl, 2008, S. 100) Jedoch müssen die Steuersätze am spanischen Durchschnittswert ausgerichtet werden. (Vgl. Eichhorst, 2005, S. 194) Des Weiteren wurde ein eigener regionaler Oberster Gerichtshof eingerichtet. (Vgl. Lehmann, 2000) In der baskischen Bevölkerung wird die Effizienz der autonomen Verwaltung innerhalb Spaniens am höchsten eingeschätzt. (Vgl. Hildebrand, 1998, S. 112)

In folgenden Bereichen besitzt die katalanische Regierung Kompetenzen: Organisation der Selbstverwaltungsinstitutionen, Kultur, Sport, Freizeit, Naturschutz... (Vgl. Nowak, 1994, S. 177) Außerdem besitzt Katalonien eine eigene Polizei. (Vgl. Mayerl, 2007) Die katalanische Regierung pflegt zu anderen dezentralisierten Regierungen regen Kontakt. So tauscht man Erfahrungen mit Québec, Flandern und Schottland aus. (Vgl. Generalitat de Catalunya)

3.2.6 Die Sprachenfrage

Vier Sprachen werden in Spanien gesprochen, nämlich *Kastilisch*, *Katalanisch* (in Katalonien, Valencia und auf den Balearen), *Baskisch* (im Baskenland und im Norden Navarras) und *Galicisch* (in Galicien). (Vgl. Hildebrand, 1998, S. 101) Die Bedeutung der eigenen Sprache ist in Katalonien am stärksten ausgeprägt und spielt auch im Baskenland eine wichtige Rolle. (Vgl. Hildebrand, 1998, S. 111)

Die baskische Sprache (*Euskara*) wird für politische Zwecke instrumentalisiert. Nur ein Drittel der baskischen Bevölkerung lernt baskisch als Muttersprache, ein Drittel versteht die Sprache nicht einmal. (Vgl. Riedel, 2006, S. 23) Heute sprechen nur noch etwa 900000 die Sprache fließend. (Vgl. Seidel, 2010, S. 11) Allerdings hat die Sprache einen kulturhistorisch großen Wert, da sie die einzige vorindoeuropäische ist. (Vgl. Koppelberg, S. 399) Trotz zahlreicher vorhandener Theorien ist ihre Herkunft unbekannt. (Vgl. Seidel, 2010, S. 7) Da eine Verschriftlichung der Sprache erst in der Neuzeit stattfand, ist es schwierig, ihren Ursprung zu erforschen. (Vgl. Seidel, 2010, S. 12) Jedenfalls steht fest, dass das Baskische einst im gesamten Pyrenäenraum sowie in weiten Teilen des Südwestens Frankreichs gesprochen wurde. (Vgl. Seidel, 2010, S. 7)

In der Franco-Zeit wurde die baskische Sprache aus dem öffentlichen Raum verbannt und Publikationen in dieser Sprache untersagt. Diese Form der Unterdrückung hemmte die Ausbreitung der Sprache. (Vgl. Seidel, 2010, S. 135) Selbst an den Schulen wurde die baskische Sprache verboten. (Vgl. Göbel, 1994, S. 627) Infolge des Sprachverbots ist die baskische Sprache in dieser Generation am wenigsten verankert. (Vgl. Nowak, 1994, S. 82) Dadurch formte sich ein starkes kulturelles Identitätsgefühl, welches sich in den 1950er

Jahren zu organisieren begann und sich der Diktatur vehement entgegenstellte. (Vgl. Seidel, 2010, S. 135) 1977 wurde das Baskische neben dem Spanischen wieder zur Amtssprache. (Vgl. Seidel, 2010, S. 154) 1980 wurde die *Universidad del País Vasco* gegründet. Sie ist die erste Universität, welche die Möglichkeit bietet, in baskischer Sprache zu studieren. Etwa 40 Prozent der Studierenden nehmen diese Möglichkeit wahr. (Vgl. Seidel, 2010, S. 171) Die katalanische Sprache hat zwar viele Gemeinsamkeiten mit der spanischen Sprache, ist jedoch eine eigenständige romanische Sprache (Vgl. Nowak, 1994, S. 175) und orientiert sich eher an der französischen Sprache als an der kastilischen. (Vgl. S. Treidel, 2001, 57) Mitte des 19. Jahrhunderts erstarkte die katalanische Literatur. Es entstanden erste kulturelle Zeitschriften auf Katalanisch. (Vgl. Schulze-Marmeling, 2010, S. 23) Nach dem Niedergang des Franquismus wurde Katalanisch 1979 wieder zur Amtssprache. (Vgl. Schulze-Marmerling, 2010, S. 119) Im Gegensatz zur baskischen Sprache ist die die katalanische mit etwa acht Millionen aktiven Sprechern heute in der Gesellschaft fest verankert. (Vgl. Schlögl, 2008, S. 85) Noch ist Kastilisch im zweisprachigen Barcelona die eindeutig meistgesprochen Sprache. (Vgl. Schulze-Marmeling, 2010, S. 181). Doch das Spanische wird nach und nach aus dem öffentlichen Raum verbannt, teilweise geschieht dies auch mit gesetzlichen Maßnahmen. (Vgl. Riedel, 2006, S. 24) Daher spielt katalanisch heute für den sozialen Aufstieg eine entscheidende Rolle. (Vgl. Nowak, 1994, S. 177) In Geschäften, Bars und Restaurants müssen die Angebote auf Katalanisch angegeben sein, ansonsten drohen Sanktionen. (Vgl. Scharfreiter-Carrasco, 2006)

3.2.7 Religiöse und ideologische Motive

Während der katalanische Nationalismus stets das Moderne als Chance sah, sieht der baskische Nationalismus die Bewahrung des Alten als zentralen Bestandteil seiner Identität an. (Vgl. Seidel, 2010, S. 106) Zur anti-modernistischen Note des baskischen Nationalismus tritt auch eine starke ethnische Ausrichtung hervor. Die Zugehörigkeit zur baskischen Ethnie ist ein zugeschriebenes Merkmal und spielt eine entscheidende Rolle. Man könne also im Gegensatz zur katalanischen Gesellschaft nicht in baskische Volksgemeinschaft hineinwachsen. (Vgl. Hettlage, 1994, S. 155) Der baskische Nationalismus beinhaltete in seinen Anfängen auch reaktionäre sowie rassistische Elemente. (Vgl. Rehrmann, 1990, S. 33) So entstand im 19. Jahrhundert die Vorstellung einer eigenständigen baskischen Rasse, die sich von den übrigen europäischen Rassen und vor allem der „hispanischen" Rasse unterscheide. (Vgl. Seidel, 2010, S. 15) Im 19. Jahrhundert war der baskische Nationalismus zutiefst katholisch geprägt. Bis zur zweiten Hälfte des 20. Jahrhunderts und mit dem einhergehenden Gesellschaftswandel wies das Baskenland die höchste Identifikationsrate mit der katholischen Kirche innerhalb Spaniens auf. (Vgl. Seidel, 2010, S. 84) Der Ideologiestreit wird deutlich an dem Autonomievorhaben der BaskInnen, welches 1931 (also am Beginn der zweiten Republik) eingebracht wurde. Die baskische konservativ-nationalistische Mehrheit wollte die alleinige Kompetenz in Kultusfragen erreichen. Da die republikanische bürgerlich-freiheitliche Mehrheit in Madrid die Kirche zurückdrängen wollte, lehnte die Volksversammlung dies ab. (Vgl. Seidel, 2010, S. 120)

Der katalanische Nationalismus hingegen ist eine zivile Bewegung mit bürgerlich-souveräner Handschrift. Der Zusammenhalt der Einheimischen kommt vor allem durch Geschichten des widerständigen Geistes und einer liberalen Gesinnung zustande. Er kommt - im Gegensatz zum Baskenland - ohne Gewaltakte terroristischer Gruppen aus. „Fremde" werden für die eigene Sache mobilisiert. Ungefähr drei Viertel aller KatalanInnen haben Großeltern, die nicht aus der Region stammen. (Vgl. Schulze-Marmeling, 2010, S. 181) Damit besitzt der katalanische Nationalismus keinen Ausschließlichkeitscharakter. (Vgl. Hettlage, 1994, S. 155) Der katalanische Nationalismus ist sehr heterogen ausgeprägt: Er besteht aus traditionalistischen, föderalistischen, autonomistischen, radikal nationalistischen und republikanischen Elementen. (Vgl. Treidel, 2001, S. 58)

Die Mehrheit der KatalanInnen war im Gegensatz zum restlichen Spanien nie erzkatholisch gesinnt. Durch Einwanderung konnte sich dort auch der Protestantismus ausbreiten. (Vgl. Schulze-Marmeling, 2010, S.22)

3.2.8 Traditionen

Der *bertsolaismo* erlebte in den 1990er Jahren einen regelrechten Boom. Dabei werden improvisierte Sprechgesänge vorgetragen. Diese Veranstaltungen ziehen Zehntausende Menschen an. Dieser Akt kulturelle Selbstbehauptung stellt sowohl einen künstlerischen als auch einen politischen Ausdruck dar. (Vgl. Seidel, 2010, S. 171) *Aizkolaris* mit ihren Axtwettkämpfen und *pelota vasca* (ähnlich dem Squash) sind wichtige traditionelle Sportwettkämpfe im Baskenland. (Vgl. Seidel, 2010, S. 17)

In Katalonien gibt es einen eigenen Tanz, den *Sardana*. Durch seine genauen Vorgaben und Disziplinanforderungen schafft er einen einheitlichen Geist. (Vgl. Playà Maset, 2009)

3.3 Schottland

3.3.1 Einleitung

Ungefähr drei Viertel seiner BewohnerInnen bezeichnen sich heute als „SchottInnen" (Vgl. Mergel, 2005, S.163) und wollen ihr Land von England abkoppeln. Ungefähr ein Drittel tritt für eine totale Loslösung ein. (Vgl. Semsek, 2002, S. 24) Im Gegensatz zu anderen Nationalismen ist der schottische Nationalismus nicht rassisch oder ethnisch ausgerichtet, sondern auf die bürgerliche Gesellschaft bezogen. Unabhängig von den Eltern, dem Geburtsort oder der Herkunft ist jedeR ein SchottIn, der sich dem Staat zugehörig fühlt, so die schottischen NationalistInnen. (Vgl. Maurer, 2010, S. 299)

3.3.2 Historisch begründete Motive

Ihrem Ursprung nach sind die SchottInnen ein keltisches Volk. (Vgl. Nowak, 1994, S. 266) 1015 vereinigten sich mehrere Stämme zum *Königreich Scotia*, um gemeinsam gegen die einfallenden Wikinger zu kämpfen. Es umfasste schon damals ungefähr die gleichen Grenzen wie das heutige Schottland. Charakteristisch für die schottische Geschichte wurde die jahrhundertelange anhaltende Fehde mit England um die Vorherrschaft. (Vgl. Morawietz, 2009) Diese Kämpfe gegen England bestärkten die schottische Identität. (Vgl. Maurer, 2010, S. 59) Der schottische Nationalismus kann sich demzufolge auf tiefe historische Wurzeln beziehen. In wesentlichen Bereichen des Lebens wie Schule, Kirche und Recht ist eine durchwegs eigene, von Großbritannien losgelöste Geschichte vorhanden. (Vgl. Maurer, 2010, S. 298) In den 1850er Jahren kam ein schottischer Nationalismus auf, unter denen es auch Anhänger einer totalen Loslösung vom Vereinigten Königreich gab. (Vgl. Maurer, 2010, S. 228) Erst im 19. Jahrhundert wurden die mittelalterlichen Helden zu Identifikationsfiguren eines schottischen Nationalbewusstseins. (Vgl. Maurer, 2010, S. 210)

3.3.3 Ökonomische Motive

Nach dem zweiten Weltkrieg wurde nahezu Vollbeschäftigung erreicht. Auch wenn die Arbeitslosigkeit höher als in England war und die Wohn- und Arbeitsbedingungen deutlich schlechter waren, nahm durch den gestiegenen Wohlstand die allgemeine Zufriedenheit der schottischen Bevölkerung zu. Dennoch rückte mit Abnehmen der Existenzangst die Frage nach der eigenen Identität wieder mehr in den Mittelpunkt. Viele WissenschaftlerInnen und

Universitätsabsolventlnnen gingen nach England um dort zu arbeiten. Die dort vorhandenen besseren Lebensbedingungen regten die Diskussion nach der Differenz der Landesteile und damit die Frage eigenen Identität an. Gleichzeitig verstärkte die einsetzende Dekolonisierung (zum Beispiel in Kenia) den Ruf nach mehr Eigenständigkeit. (Vgl. Mergel, 2005, S.167) In den 1970er Jahren hatte Großbritannien mit enormen wirtschaftlichen Problemen zu kämpfen. Indizien hierfür waren Streiks, Inflation sowie der Wertverfall der Währung. (Vgl. Sturm, 1999, S. 82) Wegen seiner traditionellen Industrien war Schottland davon besonders betroffen. (Vgl. Finley, 2004, S. 324-327) Gleichzeitig förderten das gefundene Nordseeöl sowie der damit verbundene unerwartete Reichtum den schottischen Nationalismus. (Vgl. Maurer, 2010, S. 15) Zwar entstanden Sekundärindustrien zur Födertechnologie und auch im Schiffsbau wurden zahlreiche neue Arbeitsplätze geschaffen, (Vgl. Semsek, 2002, S. 17) dennoch sind kaum nachhaltige Effekte zu verzeichnen, da die Vorkommen von internationalen Ölmultis ausgebeutet wurden. (Vgl. Maurer, 2010, S. 263) Heute sind ungefähr 100000 Menschen in der Ölindustrie beschäftigt. Man rechnet damit, dass die Ölförderung bis circa 2020 wirtschaftlich rentabel bleibt und ihren Zenit bereits überschritten hat. (Vgl. Scottish Enterprise, 2008)

1974-1977 verdoppelte sich die Anzahl der Arbeitslosen von 80000 auf 160000. (Vgl. Finley, 2004, S. 324-327) 1980 lag die Arbeitslosenquote bei rund zehn Prozent und war damit doppelt so hoch wie in England. (Vgl. Mergel, 2005, S.168) Dieser Niedergang beflügelte die nationalistische Bewegung in Schottland, die ökonomisch autonomer agieren wollte. (Vgl. Sturm, 1999, S. 82)

In den 1980er Jahren war ein neues Hauptargument für politische Unabhängigkeit gefunden, nämlich der Wahlsieg Thatchers und die damit verbundene Wirtschaftspolitik. Diese schien für marktwirtschaftliche Prinzipien den gesellschaftlichen Konsens zu opfern. (Vgl. Sturm, 1999, S. 82) Sämtliche Unternehmungen, die nicht aus eigener Kraft am Markt existieren konnten, verschwanden von der Bildfläche, was Tausende Arbeiter in den Industriegebieten Schottlands aber auch Englands arbeitslos machte. (Vgl. Maurer, 2010, S. 261) In den Augen vieler SchottInnen zeigte sich wieder einmal, dass sich die englische Politik nicht für die schottischen Belange interessiert. (Vgl. Maurer, 2010, S. 277) Diese Politik der Konservativen und ihre Auswirkungen wurden deshalb als rücksichtslos und unsozial empfunden. (Vgl. Sturm, 1999, S. 82) Als noch dazu eine Kopfsteuer (*tax poll*) eingeführt wurde, rief dies einen Steuerboykott hervor, sodass es bis 1991 2,5 Millionen Strafbefehle gab. Die schottische Gesellschaft entfremdete sich vom Staat und der Regierung, die als „*englisch*" angesehen wurde. (Vgl. Baedeker, 2000, S. 44) Darüber hinaus führten die

Konservativen eine Anti-Dezentralisierungspolitik. (Vgl. Mitchell, 1999, S. 653) Die Hauptargumente der konservativen Regierung gegen die Devolution waren das Eintreten für einen schlanken Staat – eine eigene schottische Regierung, Abgeordnete und eigenes Parlament kosten Geld – und die Befürchtung des Auseinanderbrechens des Vereinigten Königreiches. (Vgl. Dardanelli, 2005, S. 94-95) Unter diesen Voraussetzungen verwundert es nicht, dass die Konservativen in dieser Zeit sämtliche schottischen Sitze im Unterhaus verloren. Davon profitierten die Labour Party und die Scottish National Party. (Vgl. Maurer, 2010, S. 16) Ein weiteres Argument für die Unabhängigkeit wird in der Fischerei gesehen. Diese macht ungefähr ein Viertel der schottischen Wirtschaft aus. Die Quoten, wie viel gefischt werden darf, gibt die Londoner Zentralregierung vor. Dies stößt in Schottland auf Widerstand, da dadurch viele kleine Fischereien nicht überleben können. (Vgl. Henker, 2007)

3.3.4 Institutionelle Unabhängigkeit

Die politische Autonomiebewegung Schottlands war viel erfolgreicher als jene von Wales, da man in Schottland auf gut ausgebaute Institutionen zurückgreifen konnte. Dies wird zum Beispiel am eigenen Rechtssystem ersichtlich. (Vgl. Mergel, 2005, S.170) Dieses stellt sich heute als Mischsystem zwischen englischer Förmlichkeit und kontinentaleuropäischer Denkweise, nämlich römisch-rechtlich fundiert und deduktiv argumentierend dar. (Vgl. Weber, 1999, S. 192) Es wurde sogar eine eigene Kirche, die Church of Scotland gegründet. (Vgl. Mergel, 2005, S.166) Allerdings wurden im 19. Jahrhundert schottische Spezialbehörden für das Münzwesen, den Zoll und dergleichen allmählich abgeschafft. (Vgl. Maurer, 2010, S. 228)

Seit Jahrhunderten waren die SchottInnen auf ihre Bildungseinrichtungen wie Schulen und Universitäten stolz. Man ist sogar von der Überlegenheit gegenüber dem englischen Bildungssystem überzeugt. Während im 19. Jahrhundert in England Bildung eng mit den zur Verfügung stehenden finanziellen Mitteln verbunden war, herrschte in Schottland der Gedanke der Gleichheit. Dies führte zu einer hohen regionalen und sozialen Mobilität. Das Stipendiensystem war sehr früh sehr gut ausgebaut. Allerdings sank das Niveau der Schulen mit der Zeit aus verschiedensten Gründen. (Vgl. Maurer, 2010, S. 240) Dennoch ist der Bildungsgrad nach wie vor vergleichsweise hoch. Mehr als 16 Prozent der über 16-Jährigen besuchten eine weiterführende Schule. Dies ist auch auf die hohen Investitionen im Bildungssektor zurückzuführen. Schottische Universitäten genießen einen hervorragenden Ruf. Herausragend sind die Bereiche der Medizin, der Rechtswissenschaften, des Ingenieurwesens und der Naturwissenschaften. (Vgl. Schlögl, 2008, S. 89)

Seit 1998 gibt es in Schottland ein eigenes Parlament, welches ebenso Steuervorlagen beschließen kann. (Vgl. Mergel, 2005, S. 171) Zwar sprach sich in einem Referendum bereits 1979 eine Mehrheit von 1,2 Millionen WählerInnen für ein eigenes Parlament aus, allerdings scheiterte das Vorhaben am zu geringen Quorum. (Vgl. Riedel, 2006, S. 15) 1999 eröffnete die Queen offiziell die schottische Volksvertretung. (Vgl. Semsek, 2002, S. 25) Die Legislative besteht aus einer Kammer mit 129 *Members of Scottish Parliament*. Sitz ist Holyrood in Edinburgh. (Vgl. Ferschl, 2001) Das kompensatorische Wahlsystem in Schottland beachtet die proportionale Repräsentation stärker als das englische. Ein Teil der Stimmen wird gemäß dem Ausgleichprinzip verhältnismäßig vergeben. (Vgl. Nohlen, 2006, S. 216) Der andere Teil – 73 Abgeordnete – wird durch das Mehrheitswahlrecht in den Wahlkreisen ermittelt. Durch die teilweise Anwendung des Verhältniswahlrechts haben regionalistische Parteien größere Chancen. (Vgl. Mergel, 2005, S. 171) Dieses System wird auch *Additional Member System* genannt. (Vgl. Ferschl, 2001) Natürlich liegt die Souveränität auch weiterhin beim Westminster Parlament. (Vgl. Kratzer, 2009, S. 4) Im Londoner Parlament ist Schottland gemessen an der Einwohnerzahl übrigens überrepräsentiert. (Vgl. Sturm, 2000, S. 364) Dennoch ist die psychologische Bedeutung eines eigenen schottischen Parlaments immens. (Vgl. Maurer, 2010, S. 295) Dieses hat zum Beispiel das Recht, einen Teil der Einkommenssteuer selbst zu bestimmen. (Vgl. Mergel, 2005, S. 172) Diese darf um drei Prozent höher bzw. niedriger sein, als der von der Zentralregierung bestimmte. (Vgl. Kratzer, 2009, S. 38) Außerdem darf die schottische Regierung die Gewerbegrundsteuer selbstständig bestimmen. (Vgl. Office of Puclic Sector Information, 2006) Ganze Politikfelder wie Gesundheits-, Bildungs- und Umweltpolitik werden vom schottischen Regionalparlament bestimmt. (Vgl. Kratzer, 2009, S. 4) Außen-, Sicherheits-, Wirtschafts-, Sozial- und Verteidigungspolitik werden weiterhin von der Zentralregierung bestimmt. (Vgl. Baedeker, 2000, S. 21)

Das schottische Parlament ist fest verankert in der Bevölkerung. Dies liegt zum einen daran, dass das Repräsentationsorgan näher liegt als Westminster. Dadurch fällt die Identifikation leichter. Zum anderen versucht das schottische Parlament transparenter und bürgernäher zu sein als das britische. (Vgl. Ferschl, 2001)

Das *Secretary of Sate for Scotland* kümmert sich auf nationaler Ebene um schottische Interessen. (Vgl. Baedeker, 2000, S. 21) Dazu gehörte auch das *Scottish Office,* (Vgl. Deacon / Sandry, S. 50 – 51) welches 1885 eingerichtet wurde. Seit 1926 ist dessen Schottlandminister im Kabinett vertreten. (Vgl. Sturm, 2000, S. 353) Auch nach der Einrichtung des schottischen Parlaments 1999 blieb die Behörde bestehen. (Vgl. Baedeker,

2000, S. 21) Jedoch wurden dessen Aufgaben nach und nach auf die neu geschaffene
schottische Regierung und den Schottland-Minister aufgeteilt. (Vgl. Scottish Parliament,
2007)

Das schottische Identitätsbewusstsein verstärkt den politischen Druck, weitere eigene
Institutionen zu erlangen. (Vgl. Perry, 1991, S. 254)

3.3.5 Die Sprachenfrage

Die Sprachenfrage ist für die schottische Unabhängigkeitsbestrebung bedeutungslos. (Vgl.
Mergel, 2005, S.170) Eine eigene Nationalsprache fehlt. (Vgl. Maurer, 2010, S. 300) Das
schottische *Gälisch* gehört zur keltischen Sprachfamilie. (Vgl. Tschirner, 2008, S. 47) Im
Zuge der Reformation, also im 16. Jahrhundert, wurde nach und nach die englische Sprache
importiert. (Vgl. Maurer, 2010, S. 13) Die gälische Sprache wurde in den unwirtlichen
westlichen Landesteil zurückgedrängt. Somit wollte die englische Krone die nationale
Identität der SchottInnen auslöschen. (Vgl. Tschirner, 2008, S. 47) In den 1930er Jahren
wurde versucht, die gälische Sprache völlig auszurotten, sodass heute nur noch ein Bruchteil
der Bevölkerung diese Sprache beherrscht. (Vgl. Mergel, 2005, S.166) Heute sprechen noch
rund 60000 Menschen *gälisch* (Vgl. Maurer, 2010, S.13), welches vor allem an der Westküste
und auf den Hebriden gesprochen wird (Vgl. Semsek, 2002, S. 13) und eineinhalb Millionen
Scots (eine angelsächsische Sprache). So gut wie jedeR SchottIn ist des Englischen mächtig.
(Vgl. Maurer, 2010, S.13)

3.3.6 Religiöse und ideologische Motive

Noch zu Beginn des 20. Jahrhunderts bestand eine enge Verbindung zwischen schottischem
Nationalismus und Protestantismus. Werte wie Ehrlichkeit, Gerechtigkeit, Gleichheitsstreben,
Härte, Sparsamkeit und Bildungseifer wurden aus der Religion abgeleitet. Im ersten Weltkrieg
war die Zahl der Freiwilligen und Gefallen unter den Predigern und Söhnen aus dem
Pfarrhaus am höchsten. (Vgl. Maurer, 2010, S. 278) Die calvinistische Lehre trug sicherlich
zur puritanischen, arbeitsamen und erfolgsorientierten Gesellschaftsmoral bei. Sogar heute ist
die Anzahl der Wochenarbeitsstunden in Schottland um einige Stunden höher als im EU-
Durchschnitt. (Vgl. Tschirner, 2008, S. 42) Nach dem zweiten Weltkrieg kam es zur
Wiederbelebung der christlichen Kirchen. Doch nach dem Höhepunkt der Kircheneintritte
1956 überwogen ab 1963 die Austritte. (Vgl. Maurer, 2010, S. 279) Verglichen mit anderen
Ländern Europas wie England, Deutschland oder Holland ist der Anteil der Katholiken bis

heute gering. Es gibt kaum Juden oder Muslime. Wie in den meisten europäischen Ländern ist die Bedeutung der Kirchen aufgrund von Tendenzen der Säkularisierung zurückgegangen. (Vgl. Maurer, 2010, S. 280) Heute sind ungefähr 85 Prozent der Bevölkerung Mitglieder der protestantischen Kirche. (Vgl. Semsek, 2002, S. 13) Somit ist nach wie vor eine protestantische Grundierung festzustellen. (Vgl. Maurer, 2010, S. 281)

3.3.7 Traditionen

Äußerliche Charakteristika wie *Whisky, Kilt* und *Dudelsack* erscheinen zwar oberflächlich, doch sie wirken abgrenzend. Durch derlei Folkloregegenstände kann man sich gegenüber England profilieren. (Vgl. Maurer, 2010, S. 300) Der *Dudelsack* wird heute als Nationalinstrument Schottlands angesehen. Selbst moderne Popgruppen verwenden ihn. (Vgl. Tschirner, 2008, S. 50) Im Sommer sind die *Highland Games* ein Höhepunkt. Dazu gehören unter anderem Baumstammwerfen, Seilziehen und Hammerschleudern. (Vgl. Semsek, 2002, S. 12) Bemerkenswert ist die Sonderstellung britischer Teams im Sport. (Vgl. Perry, 1991, S. 254) Seit 1872 besteht eine eigene schottische Fußballnationalmannschaft. (Vgl. Mayerl, 2007) Nicht nur im Fußball gibt es für England, Schottland, Wales und Nordirland jeweils eigene Nationalmannschaften. Auch beim Rugby gilt diese Regelung. (Vgl. Perry, 1991, S. 254)

3.4 Vergleich

Die verschiedenen Beweggründe, welche für eine unabhängige Nation sprechen, sind nur schwer abgrenzbar, da sie oftmals ineinandergreifen. Erst eine ganzheitliche Lektüre des Kapitels „*Beweggründe für Unabhängigkeitsbestrebungen*" verschafft dem Leser ein tiefergehendes Verständnis.

3.4.1 Verankerung in der Bevölkerung

In keiner der vier Regionen tritt eine Mehrheit der Bevölkerung für eine völlige Loslösung vom bestehenden Gesamtstaat ein. Am deutlichsten ausgeprägt ist der Wunsch nach einer totalen Autonomie in Katalonien. Von allen autonomen Gemeinschaften Spaniens tritt das Regionalbewusstsein dort am stärksten hervor. Obwohl sich nur ungefähr jedeR Fünfte ausschließlich als Katalane sieht, befürwortet knapp die Hälfte der katalanischen Bevölkerung eine völlige Loslösung. Im Baskenland sieht sich zwar circa ein Drittel der Menschen ausschließlich als Basken, dennoch sind zwei Drittel mit dem bestehenden Autonomiestatus zufrieden. In Flandern fühlen sich immerhin 40 Prozent primär als Flamen und Fläminnen. Von den behandelten Regionen ist dies jene Region, in dem der Ruf nach einer Unabhängigkeit in jüngster Vergangenheit am lautesten zu vernehmen war. Trotzdem tritt die Mehrheit (noch) für einen Einheitsstaat ein. In Schottland tritt ebenfalls nur eine Minderheit für eine völlige Loslösung ein.

3.4.2 Historisch begründete Motive

Da die Regionen in Belgien erst vergleichsweise kurz bestehen, ist die historische Komponente nicht allzu wichtig. Als die WallonInnen den Großteil der Elite stellten, wurden die Flamen und Fläminnen in vielen Bereichen des Lebens benachteiligt. Dieser Umstand der Benachteiligung scheint heute noch nachzuwirken, denn damit lässt sich die Ablehnung der WallonInnen durch die Flamen und Fläminnen zumindest teilweise erklären.

In Spanien ist der Geschichtsverlauf von viel größerer Bedeutung für Unabhängigkeitsbestrebungen. Bereits im Mittelalter besaß Katalonien eine eigene Sprache und Kultur und lehnte jeglichen Zentralismus ab. Durch die Vereinigung mit Aragonien entstanden erste Unabhängigkeitsbestrebungen. Danach eroberten die Bourbonen Barcelona. Durch die Rückeroberung, der „Renaixana", wurde der Weg der Eigenständigkeit neu beschritten. Als 1923 Primo de Riveira an die Macht kam, folgten erste Repressionsmaßnamen gegen Katalonien und das Baskenland. Eine herausragende Rolle für Unabhängigkeitsbewegungen stellt die Ära Franco dar, in welcher die BaskenInnen und KatalanInnen noch mehr unterdrückt wurden. Nachdem die Zeit der Diktatur vorbei war, stieg das regionale Bewusstsein schlagartig an.

Schottlands Ablehnung gegenüber das Vereinigte Königreich begründet sich unter anderem mit jahrhundertlangen Kämpfen gegen England. Unabhängig davon besteht in Schottland in wesentlichen Bereichen wie Schule, Kirche und Recht eine eigene Geschichte.

Insgesamt ist festzustellen, dass die Geschichte vor allem in den spanischen Regionen Baskenland und Katalonien sowie in Schottland sehr relevant zu sein scheinen, in Flandern jedoch lediglich eine untergeordnete Rolle spielen.

3.4.3 Ökonomische Motive

Zurzeit sind die Transferzahlungen, welche Flandern an die Wallonische Region entrichtet, das beliebteste Argument der flämischen SeperatistInnen. Tatsächlich ist die Wohlfahrtsgrenze von Belgien so ausgeprägt wie in keinem anderen Staat, welcher in dieser Arbeit behandelt wird. Selbst hochrangige flämische Wirtschaftsvertreter lehnen die ihrer Meinung nach zu großzügig bemessene Umverteilung ab.

Auch in Spanien spielt die Wirtschaft eine – wenn auch bei weitem nicht so wichtige Rolle – für die Unabhängigkeitsbestrebungen. Dank der früh einsetzenden Industrialisierung wurde die Region um Barcelona schnell zum Wirtschaftsmotor Spaniens. Heute ist man nach Madrid die zweireichste Region in Spanien. Ärmere Regionen werden durch reichere Regionen subventioniert, was zuweilen auf Unverständnis der Bevölkerung stößt. Auch das Baskenland ist überdurchschnittlich wohlhabend und trägt zur Quersubventionierung bei.

In Schottland wurde in den 1970er Jahren das gefundene Nordseeöl als Argument verwendet, man könne nun finanziell unabhängig von der Union leben. Dadurch und durch die zahlreichen neu geschaffenen Arbeitsplätze wurde der schottische Nationalismus gefördert. Im selben Jahrzehnt kam außerdem die „Eiserne Lady", Margareth Thatcher an die Macht. Das traditionell eher linksliberale Schottland, damals Hochburg der Labor Party, lehnte ihre Politik ab. Durch ihr Ziel, einen möglichst schlanken Staat zu schaffen und eigenständige schottische Institutionen abzuschaffen, griff sie die schottischen Unabhängigkeitsbemühungen direkt an.

Festzuhalten ist, dass in der Gegenwart wirtschaftliche Argumente vor allem in Belgien entscheidend für die breite Zustimmung einer Loslösung einer Region ist. In Spanien stehen wirtschaftliche Themen nicht so sehr im Vordergrund, wenn es um Unabhängigkeit geht. In Schottland ist heutzutage kaum die Rede von ökonomischen Faktoren.

3.4.4 Institutionelle Unabhängigkeit

In allen vier beschriebenen Regionen gibt es regionale Parlamente und Regierungen. Obwohl Schottland auf gut ausgebaute Institutionen zurückgreifen kann, wurde das Parlament dort erst 1998 wieder eingeführt. Dieses verfügt über ein breites Spektrum an Kompetenzen. Wichtig für die Organisation des schottischen Nationalismus sind eigenständige Einrichtungen, die seit Jahrhunderten bestehen. Beispiele hierfür sind das eigene Rechtssystem und die eigene Kirche. Dass Schottland hervorragende Bildungseinrichtungen besitzt, wird am hohen Bildungsgrad der Bevölkerung ersichtlich.

Auch in Spanien haben die Autonomen Regionen hohe Kompetenzen in der Legislative und

Exekutive. Herauszuheben sind hierbei insbesondere das Baskenland und Katalonien. Ähnlich wie in Spanien und Schottland ist die Lage in Belgien, wo Flandern ein eigenes Parlament mit weitreichenden Zuständigkeiten besitzt. Durch umfassende Staatsreformen in den letzten Jahrzehnten wurden in Belgien Institutionen wie das flämische Parlament gestärkt. Dies führte auch hier zu einer Kompetenzverschiebung von der nationalen auf die subnationale Ebene.

Insgesamt sind vor allem die schottischen Institutionen von hoher Bedeutung für den immer stärker werdenden Nationalismus. In den anderen Regionen gibt es zwar ebenfalls Parlamente und Regierungen, allerdings kaum weitere (bekannte) Institutionen, die sich vom Rest Spaniens bzw. Belgiens deutlich abheben.

3.4.5 Die Sprachenfrage

Die Sprachenfrage steht in Katalonien auf der Prioritätenliste ganz oben. Im Gegensatz zum Baskenland ist sie in der Bevölkerung fest verankert. Noch spricht zwar die Mehrheit Kastilisch als erste Sprache, die Tendenz weist jedoch in Richtung des Katalanischen. Deshalb wird die Sprache auch immer wichtiger für den sozialen Aufstieg in Katalonien. Im Baskenland hingegen spricht nur ungefähr ein Drittel das Baskische als Muttersprache. Einige regionale Parteien instrumentalisieren die Sprache, um ihr nationalistisches Gedankengut in der Bevölkerung zu manifestieren. Sowohl das Katalanische als auch das Baskische wurde in den Zeiten der Diktaturen unterdrückt. Dies führte vor allem in der Zeit des Überganges von der Diktatur Francos zur Demokratie zum sprunghaften Anstieg der Verwendung der beiden Sprachen.

In Belgien spricht man zwar seit dem 19. Jahrhundert von einem Sprachenstreit, dieser steht jedoch nicht im Zentrum des Konflikts der Volksgruppen. Oftmals wird der Sprachenkonflikt als Vorwand für andere Zwecke missbraucht.

In Schottland spielt die Sprache so gut wie keine Rolle im Kampf für die Unabhängigkeit. Es gibt zwar noch Sprecher des Gälischen und des Scots, jedoch ist die Zahl so gering, dass es politisch kaum Sinn macht, die Sprache als Argumentation für Unabhängigkeit zu verwenden. Wirklich entscheidend ist, wie man unschwer erkennen kann, der Sprachenstreit nur in Katalonien und mit Abstrichen im Baskenland.

3.4.6 Religiöse und ideologische Motive

In Belgien finden sich die Gegensätze der beiden großen Volksgruppen auch in der Weltanschauung wieder. Der Norden ist eher ländlich und katholisch geprägt, wodurch eher Parteien rechts der Mitte präferiert werden. Im Gegensatz dazu sind im Süden linke Parteien erfolgreicher. Die Flamen und Fläminnen lehnen die wallonischen Vorstellungen der Umverteilung und der Einwanderungspolitik ab. Der flämische Nationalismus charakterisiert sich also vor allem auch durch Abgrenzung der Anschauungen der wallonischen Volksgruppe. Dabei dient die Sprachgrenze auch als Kulturgrenze.

Auch das Baskenland ist katholisch geprägt, die Religion spielt dort eine noch größere Rolle als in Flandern. Der baskische Nationalismus stellt sich großteils als anti-modernistische Bewegung dar. Seine ethnische Ausrichtung besitzt einen Ausschließlichkeitscharakter und wies in seinen Anfängen rassistische und reaktionäre Elemente auf. Im Gegensatz dazu präsentiert sich der katalanische Nationalismus als zivile Bewegung, der die Moderne und das Fremde stets als Chance sah. Der Zusammenhalt der Bevölkerung ergibt sich nicht aus der Zugehörigkeit zu einer Ethnie, sondern durch die gemeinsame Geschichte des Widerstands und der liberalen Gesinnung. Somit besitzt der Nationalismus keinen Ausschließlichkeitscharakter. Katalonien war nie erzkatholisch wie der Rest Spaniens, der Protestantismus konnte sich schon früh ausbreiten. Anders als die BaskInnen, verzichteten die katalanischen SeparatistInnen seit jeher auf gewaltsamen Widerstand.

In Schottland ist nach wie vor eine protestantische Grundierung festzustellen, während der Anteil an Katholiken eher gering ist. Die calvinistische Lehre trug zur arbeitssamen Gesellschaftsmoral bei. Viele Eigenschaften, durch die SchottInnen charakterisiert werden, lassen sich von der Religion ableiten.

Es lassen sich zwei grundlegende Arten von Nationalismus extrahieren: Der ethnische Nationalismus baut auf die Zugehörigkeit zu einem Volk. Diese Art von Nationalismus ist vor allem im Baskenland vorherrschend. Der ethische Nationalismus dagegen basiert auf einem Zusammengehörigkeitsgefühl, das vor allem durch eine gemeinsame Geschichte entsteht. Diese Art ist in Katalonien und Schottland vorherrschend. In Flandern sind beide Strömungen präsent, beide werden auch jeweils durch eine große Partei bestimmt, wie im Kapitel „*Träger der Unabhängigkeitsbewegungen*" erläutert wird.

3.4.7 Traditionen

Eine herausragende Stellung hierbei nimmt Schottland ein. Bekannte Symbole wie *Dudelsack* oder *Kilt* sind weltbekannt. Auch die *Highland Games* sind über die Grenzen hinaus populär.

Die Sonderstellung Schottland (und der anderen Gliedstaaten) innerhalb des Vereinigten Königreiches zeigt sich aber auch im Fußball und weiteren Sportarten, in denen es eigene Nationalteams für Schottland, Wales und Nordirland gibt.

Auch im Baskenland und in Katalonien gibt es zahlreiche Traditionen, die jedoch nicht den gleichen Bekanntheitsgrad aufweisen können. Aufgrund der kaum vorhandenen flämischen Geschichte existieren dort kaum eigenständige Traditionen, die sich von belgischen abheben.

4 Träger der Unabhängigkeitsbewegungen

4.1 Flandern

4.1.1 Parteien

Das politische System Belgiens ist von starken regionalen Identitäten geprägt. (Vgl. Kellerer, 2010, S. 21) Es gibt es keine Bundesparteien mehr. Die drei großen belgischen Parteien – die Christdemokraten, die Liberalen und die Sozialdemokraten – spalteten sich schon in den 1970er Jahren in einen wallonischen und flämischen Teil auf. (Vgl. Schmitz-Reiners, 2007) Die Grünen entwickelten sich schon seit ihren Anfängen in den 19080er Jahren an getrennt. (Vgl. Hecking, 2006, S. 47) Diese Schwesterparteien sind sich heute oft feindlich gesonnen. (Vgl. Schmitz-Reiners, 2007) Durch die Zersplitterung der Parteien entlang der sprachlich-kulturellen Konfliktlinie verlieren ideologische und programmatische Unterschiede an Bedeutung. (Vgl. Berge / Grasse, 2004) Somit wurden traditionelle Gegensätze zwischen Kirche und Staat, Kapital und Arbeit, Besitz und Nicht-Besitz entschärft. (Vgl. Woyke, 2008, S. 480) Auffallend ist, dass in den letzten 30 Jahren stets ein flämischer Premierminister die Regierungsgeschicke geleitet hat. (Vgl. Mayerl, 2007)

Es gab und gibt einige Parteien, deren Hauptprogrampunkt die Auflösung Belgiens und die Errichtung eines eigenen flämischen Staatswesens ist (Vgl. Erbe, 2009, S. 74):

4.1.1.1 Volksunie – Volksunion

Die flämischen NationalistInnen verfügen über eine lange Tradition, die bis in die 1920er Jahre zurückreicht. (Vgl. Erbe, 2009, S. 73) In den 1930er Jahren schlug die Partei einen faschistischen Kurs ein. (Vgl. Wils, 2001) 1954 fanden sich ihre Nachfolger in der *Volksunie* wieder. (Vgl. Erbe, 2009, S. 74) Sie war die erste Partei, die bereits bei ihrer Gründung im Jahr 1954 für ein föderalistisches Staatsmodell plädierte (Vgl. Woyke, 2009, S. 471) und vorhatte, staatliche Institutionen zu reformieren. Ihr bestes Ergebnis erreichte man 1971. Knapp 20 Prozent der flämischen Stimmen konnten auf sich vereinigt werden. 1977 gelang die erste Regierungsbeteiligung. Doch 1978 verlor man bei einer vorgezogenen Parlamentswahl die Hälfte der Abgeordneten. Gleichzeitig verlor die Partei konservative

Mitglieder, die mit rechtsextremen Kräften den *Vlaams Blok* gründeten. 2001 brach sie schließlich aufgrund interner Unstimmigkeiten und fehlenden Erfolges auseinander. (Vgl. Goavert, 2010)

4.1.1.2 Vlaams Belang – Flämische Interessen

Radikale Kräfte der *Volksunie* gründeten 1977 die *Flämische Volkspartei*. Aus dieser entstand wiederum der *Vlaams Blok (Flämischer Block)*. In den 1990er Jahren erntete die Partei mehr und mehr Zuspruch. Dies lag zum einen an der steigenden Zuwanderung und zum anderen an der wachsenden Armut im südlichen Teil des Landes. Ganz offen wurde das Ende des belgischen Staates gefordert und damit einhergehend die Gründung der Republik Flandern. Dem „flämischen Volk" wurden gemeinsame Eigenschaften wie Sprache, Kultur und Religion zugesprochen. Neu war die islamfeindliche Einstellung. Dem Islam solle man den Status als anerkannte Religion entziehen. (Vgl. Goavert, 2010) Eine Gemeinschaft ist für den *VB* gleichbedeutend mit der ethnischen Nation. Die Individuen stellen eine Einheit dar, die die gleiche Kultur, gleiche Abstammung und ein klar abgegrenztes Territorium teilen. (Vgl. Ivaldi / Swyngedouw, 2003, S. 13) Demzufolge lasse sich ein sozialer Zusammenhalt mit Zuwanderern gar nicht künstlich herstellen. Bestimmte Immigrationsgruppen sollen deshalb ausgewiesen werden. Des Weiteren werden wertkonservative Positionen vertreten. So spricht sich die Partei gegen eine Liberalisierung der Abtreibung und gegen die „Homoehe" aus. (Vgl. Goavert, 2010) Härtere Strafen für geringfügige Delikte und die Einführung privater Bürgerwehren sind weitere zentrale Programmpunkte. (Vgl. Ivaldi / Swyngedouw, 2003, S. 7) Als der *Vlaams Blok* 2004 wegen rechtsradikaler Hetze gegen afrikanische Immigranten verboten wurde, wurde eine neue *Partei für „flämische Interessen"* , der *Vlaams Belang*, gegründet. (Vgl. Vlaams Belang) Die Politik der neuen Partei stellt eine ideologische Fortsetzung des *Vlaams Blok* dar. Lediglich die Sprache wurde entschärft, um für andere Mitte-Rechts Parteien in Flandern, vor allem den Liberalen und den Christdemokraten, koalitionsfähig zu erscheinen. In Fragen der Einwanderung und Integration bleibt ein rassistisches Gedankengut allerdings weiterhin erkennbar. (Vgl. Ivaldi / Swyngedouw, 2003, S. 3) Für Migranten solle das Recht, Eigentum zu erwerben, genauso eingeschränkt werden wie Sozialleistungen. (Vgl. Ivaldi / Swyngedouw, 2003, S. 12) Ihrer Meinung nach sind nicht alle Menschen gleich und somit auch nicht gleichwertig. (Vgl. Ivaldi / Swyngedouw, 2003, S. 6) Die Partei fordert die friedliche Auflösung des belgischen Staates. Für die Partei ist eine gute Verwaltung des Staates unmöglich, da zu große kulturelle, politische und wirtschaftliche

Unterschiede bestehen. Ihrer Meinung nach werden die belgischen föderalen Einheiten durch die andauernden Streitigkeiten zwischen französischsprachigen und flämischen Politikern behindert. Die vorhandene föderale Struktur wird also als unzureichend angesehen um der flämischen Kulturnation genügend politische Geltung zu verschaffen. (Vgl. Vlaams Belang) 2004 erreichte die eigentlich schon verbotene Partei *Vlaams Blok* 32 von 124 Abgeordneten im flämischen Regionalparlament. Nur durch ein breites Bündnis mehrerer anderer Parteien wurde die Regierungsbeteiligung verhindert. (Vgl. Riedel, 2006, S. 31) Bei den Parlamentswahlen 2007 kam die rechtsradikale Partei auf 12 Prozent (Vgl. Erbe, 2009, S. 75) und bei jenen von 2010 verlor man viele Stimmen an die rechtsliberale *N-VA*. (Vgl. Schmid, 2010) Die Partei kann jedoch mittlerweile auf eine hohe Zahl von Stammwählern zurückgreifen und muss nicht mehr nur auf Protestwähler hoffen. (Vgl. Ivaldi / Swyngedouw, 2003, S. 15)

4.1.1.3 Nieuw-Vlaamse Alliantie – Neu-Flämische Allianz

Die Neu-Flämische Allianz (N-VA) wurde 2001 neu gegründet (Vgl. Neu-Flämische Allianz) und geht aus den gemäßigten Kräften der Volksunion hervor (Vgl. Erbe, 2009, S. 74). Die Partei sieht sich in der politischen Mitte und „will dem flämischen Nationalismus in moderner und menschenfreundlicher Form Gestalt verleihen". Regionale Gemeinschaften und internationale Zusammenarbeit seien wichtige Eckpfeiler für die Herausforderungen des 21. Jahrhunderts. Die Partei beruft sich auf das Selbstbestimmungsrecht der Völker als Grundsatz des internationalen Völkerrechtes, wie es im Artikel 1 der Satzung der Vereinten Nationen umschrieben wird. Flandern entspricht laut der *N-VA* allen völkerrechtlichen Voraussetzungen, um einen Staat zu bilden. Es sei eine permanente Bevölkerung in einem Hoheitsgebiet mit klaren Außengrenzen vorhanden. Weiters bestehe ein direkt gewähltes Parlament und eine ernannte Regierung. Außerdem existiere eine internationale Anerkennung als (Teil-)Staat über bereits mit anderen Ländern abgeschlossenen Verträgen. (Vgl. Neu-Flämische Allianz) In Wirtschafts- und Sozialfragen wird eine eindeutig neoliberale Position deutlich. Unternehmenssteuern sollen gesenkt werden, die Arbeitslosenhilfe soll gekürzt werden und Neueinstellungen im öffentlichen Dienst soll es nicht mehr geben. (Vgl. Goavert, 2010) Die Sozialversicherungskassen sollen auf die Regionen aufgeteilt werden. (Vgl. Schmid, 2010)Mit den WallonInnen wollen sie nichts mehr zu tun haben. (Vgl. Hoffmann-Ostenhof, 2010) Allerdings grenzt sich die N-VA insofern vom traditionellen Nationalismus ab, indem sie nicht alleine den WallonInnen die Schuld an der ungleichen finanziellen

Lastenverteilung gibt. Vielmehr wird die angeblich ineffiziente Staatsstruktur in die Verantwortung genommen. Wie die meisten flämischen Parteien hält man die Integration von Zuwanderern für notwendig (Vgl. Goavert, 2010) auch wenn eine gewisse Anpassung verlangt wird. (Vgl. Schmid, 2010) Nachdem man einige Jahre in der Regierung vertreten war, verließ die Partei die Koalition 2008. Anlass hierfür war die Verhinderung einer größeren Autonomie Flanderns durch den christdemokratischen Regierungspartner. (Vgl. Goavert, 2010) Bei den vorgezogenen belgischen Parlamentswahlen 2010 gelang der Partei ein Erdrutschsieg auf Kosten des *Vlaams Belan* und avancierte zur stärksten Kraft. (Vgl. Hoffmann-Ostenhof, 2010) Erklärt werden kann die Erfolgswelle der Partei mit dem Unmut der Flamen und Fläminnen, welcher sich aus permanenten Vetos der frankophonen Minderheit speist. (Vgl. Goavert, 2010) Für den Vorsitzenden der Partei, De Wever, hat sich Belgien zu einem „Nebeneinander zweier unterschiedlicher Demokratien" entwickelt. Für ihn „kennen und verstehen sich die beiden Teile kaum noch miteinander". (Vgl. De Wever, 2010, S. 2) Nach dem Sieg wurde der Vorsitzende der Partei, Bart de Wever von König Albert II. zur Regierungsbildung beauftragt. (Vgl. Schmid, 2010) Da die französischsprachigen Parteien eine Koalition mit der Partei ausschlossen, gelang es nicht, eine Regierung zu bilden. (Vgl. Standard, 2010)

4.1.2 Weitere Organisationen

4.1.2.1 Flämische Bewegung

Diese Bewegung entstand aus der Begeisterung über die belgische Revolution 1830, welche vor allem die Pflege der niederländischen Volkssprache zum Ziel hatte. (Vgl. Wils, 2001) Sie wurde unter anderem von Dichtern und Schriftstellern getragen. (Vgl. Berge / Grasse, 2004) Anfangs war sie eine reine Sprachbewegung. Die Mehrheit der BelgierInnen sprach damals Niederländisch. Die Bewegung kämpfte gegen die Französisierung der wallonischen Elite. (Vgl. Wils, 2001) Vor allem aber wandte sie sich gegen die spürbare Benachteiligung der Flamen und Fläminnen. (Vgl. Berge / Grasse, 2004)Doch sie hatte nicht nur soziale, sondern auch ideologische Motive. Die Flamen und Fläminnen waren dem aufkommenden liberalen Geist jener Zeit nicht zugetan. Man wollte den Katholizismus bewahren. (Vgl. Wils, 2001) 1932 setzte sie die Zweisprachigkeit durch, die allerdings weder in Flandern, noch in der Wallonie zur Anwendung kam. (Vgl. Hecking, 2006, S. 43)

4.2 Katalonien – Baskenland

4.2.1 Parteien

Regionale bzw. nationalistische Parteien sind von großer Bedeutung für die Regierungsbildung in Spanien. Vor allem die CiU und der PNV aber auch andere regionale Parteien Spaniens gingen immer wieder Koalitionen mit einer der beiden Großparteien, also Partido Popular oder Partido Socialista ein, oder unterstützten diese außerhalb einer Koalition. Dies ist vor allem dann notwendig, wenn sowohl die PP als auch die PSOE die absolute Mehrheit verfehlen. (Vgl. Hildebrand, 1998, S. 113f)

4.2.1.1 Partido Nacionalista Vasco – Baskische Nationalistische Partei

Die konservativ-christlichsoziale *PNV* ist die älteste und wichtigste Partei des Baskenlands. (Vgl. Bernecker/Oehrlein, 1993c, S. 59) Gegründet wurde sie 1895 von Sabino Arana, der eine territoriale Loslösung von Spanien forderte. (Vgl. Seidel, 2010. S. 108) Die Basis ihrer Anhänger setzte sich aus religiösen und antizentralistischen Kräften zusammen. (Vgl. Ferreira, 1992b, S. 522)

Anfang des 20. Jahrhunderts erlangte die Partei regen Zulauf, sodass 1907 erstmals ein Nationalist ein Bürgermeisteramt erreichen konnte. (Vgl. Seidel, 2010. S. 110) Als das Baskenland 1938 besetzt wurde, flüchtete die *PNV* ins Exil. (Vgl. Seidel, 2010, S. 131) Während des zweiten Weltkrieges engagierte sich die Partei im französischen Baskenland. Von dort aus wurden einige Guerilla-Aktionen sowie Attentate geplant, die das System Francos allerdings nicht ernsthaft gefährden konnten. (Vgl. Seidel, 2010, S. 136) Seit 1979 ist die PNV die stärkste Kraft im spanischen Baskenland und stellt ohne Unterbrechung den Ministerpräsidenten der Regionalregierung. (Vgl. Riedel, 2006a, S. 21) Gewalt wurde seitdem strikt abgelehnt, womit breite Wählerschichten angesprochen werden konnten. (Vgl. Seidel, 2010, S. 161) Die Partei erlebte mehrere Spaltungen. Vor allem zwischen monarchistischen extremen Rechten und den baskisch stehenden rechten Gruppen gab es große Spannungen. (Vgl. Ferreira, 1992c, S. 522) Nach einer tief greifenden inneren Krise traten 1986 aus der PNV neue Parteien hervor. (Vgl. Hildebrand / Nohlen, 1993b, S. 71) 1996 unterstützte die PNV eine konservative Minderheitsregierung. Im Gegenzug erreichte die Partei, dass sich die Regierungspartei zur Aufnahme von Verhandlungen über die vollkommene baskische Autonomie sowie zur Rückzahlung des nach dem Bürgerkrieg enteigneten Vermögens bereit erklärte. (Vgl. Bernecker / Dirscherl, S. 18) Ende der 1990er Jahre wurde ein radikalerer Kurs eingeschlagen. Dieser hatte die schnellstmögliche Erlangung der Souveränität des Baskenlandes zum Ziel. Dazu erklärte man sich nunmehr auch bereit, mit der *ETA* und dessen Umfeld zu verhandeln, und zwar ohne Vorbedingungen. (Vgl. Seidel, 2010, S. 175) 2005 wurde die PNV erneut stärkste Kraft im Baskenland. (Vgl. Riedel, 2006, S. 21) 2008 wurde der immer radikaler werdende Kurs des *PNV* von den Wählern abgestraft. Bei den spanischen Parlamentswahlen wurden die Sozialisten im Baskenland zur stärksten Kraft. 2009 erreichte man zwar die relative Mehrheit bei den baskischen Parlamentswahlen, jedoch fand man keinen Koalitionspartner, da extremistische baskische Parteien von den Wahlen ausgeschlossen worden waren. (Vgl. Seidel, 2010, S. 177)

4.2.1.2 Acción Nacionalista Vasca – Baskische Nationalistische Aktion

Diese 1930 gegründete Partei lehnte sowohl den rassisch begründeten Nationalismus als auch die Identifikation mit der katholischen Kirche ab. Es gelang ihr allerdings nicht, sich zu einer ernsthaften Konkurrenz zur *PNV* zu entwickeln. (Vgl. Seidel, 2010, S. 118) Heute hegt die Partei eine baskisch-linksnationalistische Ideologie und tritt für ein unabhängiges und sozialistisches Baskenland ein. (Vgl. Gara)

4.2.1.3 Eusko Alkartasuna – Baskische Solidarität

Aus dem Baskenland ist außerdem auch die sozialdemokratische *Eusko Alkartasuna* im spanischen Parlament vertreten. (Vgl. Hildebrand, 1998, S. 113) 1986 ist die Partei aus einer Abspaltung des *PNV* hervorgegangen und koalierte einige Male mit diesem. (Vgl. Seidel, 2010, S. 161)

4.2.1.4 Batasuna – Einheit

Die Partei ging aus einem Zusammenschluss mehrerer extremistischer Gruppen hervor und steht in engem Kontakt mit der *ETA*. (Vgl. Seidel, 2010, S. 155) Deren Bluttaten wurden niemals verurteilt. (Vgl. Seidel, 2010, S. 160) Für die EU zählt die Gruppierung zur *ETA* und ist somit Teil einer terroristischen Organisation. (Vgl. Rat der Europäischen Union, 2006) In den 1980er Jahren profitierte die Partei erheblich von der Radikalsierung, die vom baskischen Nationalismus ausging. Ab 1979 war sie im spanischen Abgeordnetenhaus vertreten.

Angestrebt wurden die „Befreiung des Baskenlandes" sowie die Schaffung eines „unabhängigen, sozialistischen, wiedervereinigten und baskischsprachigen Staates". (Seidel, 2010, S. 159) Die Partei ist seit 2003 verboten. (Vgl. Streck, 2007) Von Menschenrechtsgruppen wie Amnesty International wird dieses Verbot hart kritisiert. (Vgl. Amnesty International, 2002) Durch das Verbot von extremistischen Parteien wie der *Batasuna*, aber auch anderen, konnte das extremistische Wählerpotential nicht neutralisiert werden. (Vgl. Seidel, 2010, 167)

4.2.1.5 Liga Regionalista

Die moderate Partei wurde 1901 gegründet und lehnte Radikalismus ab. Anfang des 20. Jahrhunderts dominierte sie das politische Leben Kataloniens. (Vgl. Schlögl, 2008, S. 74) Die Ideologie war konservativ und autonomistisch. Sie vertrat vor allem Fabrikanten, Bankiers, Geschäftsleute, Juristen und Wirtschaftstreibende. (Vgl. Schulze-Marmeling, 2010, S. 24) Obwohl sie sich gesamtgesellschaftlich nicht durchzusetzen vermochte, verankerte sie die Frage der regionalen Autonomie als politische Forderung. (Vgl. Hettlage, 1994, S. 155)

4.2.1.6 Convergència i Unió – Konvergenz und Einigkeit

Die Mitte-Rechts Partei (Vgl. Hildebrand/Nohlen, 1993, S.57) ist die bestimmende Kraft Kataloniens. (Vgl. Tagesschau, 2007) 1978 schlossen sich die 1974 gegründete *Convergència Democrática de Catalunya* – die für eine möglichst umfassende politische Autonomie der drei historischen Nationalitäten Katalonien, Baskenland, Galizien eintrat (Vgl. Hildebrand / Nohlen, 1993d, S. 51) - und die bereits 1931 gegründete christdemokratische *Unió Democrática de Catalunya* zur *CIU* zusammen. (Vgl. Schmidt, 1990, S. 114-115) Schon zuvor war die *Convergència Democrática de Catalunya* Regierungspartei in Katalonien. (Vgl. Schulze-Marmeling, 2010, S. 114) Die bürgerlich-nationalistische Partei wird seit jeher von Industrie und Banken getragen. Deshalb wird in Wirtschaftsfragen stets zugunsten einer neoliberalen Politik entschieden. Des Weiteren sieht sich die *CIU* als wichtigster Vertreter der katalanischen Unabhängigkeit, die diese verfassungsrechtlich festschreiben will. (Vgl. Schmidt, 1990, S. 114-115) Seit 1980 stellte die Partei stets die Mehrheit in Katalonien. (Vgl. Wittelsbürger, 2000) Von 1984 bis 1995 regierte sie mit absoluter Mehrheit. Danach musste sie eine Koalition mit der *Partido Popular* (*PP*) eingehen. (Vgl. Hildebrand, 1998, S. 112) da die absolute Mehrheit verfehlt wurde. Schließlich verlor man 1999 die Mehrheit in Katalonien an die Schwesterpartei der *PSOE*, der *PSC* (*Partido Socialista Catalunya*). (Vgl.

Wittelsbürger, 2000) 2010 gewann man die Wahl zum Regionalparlament, verfehlte aber die absolute Mehrheit knapp. Hauptgrund hierfür ist die Wirtschaftskrise und ihre Folgen, wofür den bis dahin regierenden Sozialisten und deren Verbündeten die Schuld zugewiesen wurde. (Vgl. Kleine Zeitung, 2010)

Auf nationaler Ebene unterstützte die Partei die sozialistische Regierung von 1992 bis 1996. (Kraus / Merkel, S. 47) Dies erleichterte die Durchsetzung regionaler Autonomieinteressen. (Vgl. Nowak, 1994, S. 175) In einzelnen Fragen wurde oftmals auch mit der *Partido Popular* koaliert. (Vgl. Schmidt, 1990, S. 114-115) So wurde gemeinsam mit dem *PP* und der *CC* (*Coalición Canaria*) und dem *PNV* zum ersten Mal eine Legislaturperiode (1996-2000) voll ausgeschöpft. (Vgl. Wittelsbürger, 2000)

4.2.1.7 Esquerra Republicana de Catalunya – Republikanische Linke Kataloniens

Die älteste Partei Kataloniens ist die *Esquerra Repulicana de Catalunya*, (Vgl. Esquerrra Republicana de Catalunya) welche auf gesamtspanischer Ebene von Bedeutung ist. (Vgl. Hildebrand, 1998, S. 113) Sie wurde 1931 gegründet und setzte sich aus mehreren linken und republikanischen Parteien zusammen. (Vgl. Schulze-Marmeling, 2010, S. 45) Gemäß der Partei hatte diese in der zweiten Republik (1931-1939) eine Führungsrolle inne. (Vgl. Esquerra Republicana de Catalunya) 1932 ging sie bei Regionalwahlen überraschend als Sieger hervor. (Vgl. Schulze-Marmeling, 2010, S. 48) Aber durch die Herrschaft von Franco wurde sie in die zweite Reihe gedrängt und konnte nie mehr jene Bedeutung erringen, die ihr zustehe. (Vgl. Esquerra Republicana de Catalunya) 2003 löste sie die *CiU* als Regierungspartei ab. 2005 nahm eine Mehrheit im katalanischen Parlament eine von der *ERC* initiierten neuen Textentwurf für ein neues Statut an. Dieses wies deutlicher in die Richtung einer staatlichen Unabhängigkeit. Nach baskischem Vorbild werten sich die KatalanInnen zu einer „katalanischen Nation" auf. Beansprucht wurden eine erweiterte Steuerhoheit und eine eigene Staatsbürgerschaft. (Vgl. Riedel, 2006, S. 23) Für die *ERC* rechtfertigt die Sprache die Vereinigung aller katalanischsprachigen Gebiete, also neben Katalonien auch die Balearen und Valencia. Dabei wird davon ausgegangen, dass die valencianische Regionalsprache ein Dialekt der katalanischen sei. (Vgl. Riedel, 2006, S. 25)

4.2.1.8 Weitere Parteien

Zur regionalen Parlamentswahl 2010 traten zwei neue separatistische Parteien an. (Vgl.

Katalanisches Parlament)

Die *Solidaritat Catalana per la Independencia – Katalanische Solidarität* wird angeführt von Joan Laporta, dem ehemaligen Präsidenten des *FC Barcelona*. Obwohl die Partei neu gegründet wurde, erreichte sie auf Anhieb vier Parlamentssitze in Katalonien. (Vgl. Kleine Zeitung, 2010) Die zweite neu gegründete Partei ist die *Reagrupament*. Sie konnte allerdings keinen Sitz erringen. (Vgl. Katalanisches Parlament)

4.2.2 Fussballvereine

In Spanien sind Klubs wie der *FC Barcelona* oder *Athletic Bilbao* nicht einfach nur Fußball-Klubs, sondern der Stolz der katalanischen bzw. baskischen Gesellschaft. (Schirato, 2007, S. 88)

Der *FC Barcelona* ist ein Paradebeispiel für die Verbindung zwischen Fußball-Klub und der „local community". Der Klub repräsentiert wie kein zweiter seine Region und deren Kultur, weshalb er sich als *„més que un club"*, also mehr als ein Verein, bezeichnet. (Vgl. Mohe, Sieweke; 2009, S. 494) Laut einer Analyse von 2010 ist der Klub der beliebteste in Europa. Auf Platz 2 liegt Erzrivale *Real Madrid* (Vgl. Sport und Markt, 2010) Während der Franco-Diktatur avancierte der Klub zur letzten katalanischen Institution. In diesen Jahren profitierte der Erzfeind *Real Madrid* von Francos zentralistischer Politik auf Kosten des *FC Barcelona*. (Vgl. Schulze-Marmeling, 2010, S. 10) Dies begünstigte die antifranquistische Haltung der Anhänger Barcelonas. Bis heute ist umstritten, wie eng das Regime mit *Real Madrid* tatsächlich verstrickt war. (Vgl. Schulze-Marmeling, 2010, S. 68) Wegen des verhängten Verbots der katalanischen Sprache musste sich der Klub 1941 sogar in *Club de Fútbol Barcelona* umbenennen. Sogar das Klubemblem musste verändert werden. (Vgl. Schulze-Marmeling, 2010, S. 57) Seit 1997 fordern die Anhänger des Klubs die FIFA auf, eine eigene katalanische Nationalmannschaft anzuerkennen, muss sich aber stets mit Freundschaftsspielen begnügen. (Vgl. Schulze-Marmeling, 2010, S. 160)

Der Fußballklub *Atletic Bilbao* ist Symbol für die Nationalität und Identität der BaskInnen. Zur Zeit Francos Regime konnte nur in dessen Stadion, im *San Mames*, baskisch gesprochen werden. Beim Klub kommen seit 1912 ausschließlich Spieler baskischer Herkunft zum Einsatz. Noch heute wird das Stadion für Demonstrationen gegen den spanischen Zentralstaat genutzt. Baskische Fahnen oder sogar Symbole der *ETA* werden zur Schau gestellt. (Vgl. Asmus, 2009)

4.2.3 Die Untergrundorganisation ETA

1959 entstand aus einer Abspaltung der PNV-Jugend die *ETA* (*Euskadi Ta Askatasuna* – Baskenland und Freiheit). Grund für die Abspaltung war die als zu gemäßigt empfundene Parteilinie des *PNV*. (Vgl. Seidel, 2010, S. 137) Jedoch wollten die StudentInnen ihre Ziele anfangs ohne Gewalt durchsetzen. Zunächst hatten die SeparatistInnen die Förderung der baskischen Kultur als oberste Priorität. In geheimen Schulen lehrten sie die baskische Sprache und unterstützten soziale Gruppen und Gewerkschaften. (Vgl. Wuhrer, 2007) Seit der Gründung bis hin zur Gegenwart hatte die Organisation mit vielen Abspaltungen zu kämpfen. (Vgl. Seidel, 2010, S. 144) Dennoch wurde die Organisation erfolgreichster Träger des gewaltsamen Widerstandes im Baskenland (Vgl. Bernecker, 1997, S. 171), konnte jedoch keine Breitenwirkung innerhalb der baskischen Arbeiterschaft erwirken. (Vgl. Seidel, 2010, S. 143) Die linke gewaltbereite baskische Oppositionsbewegung berief sich auf die Prinzipien der *Acción Nacionalista Vasca*. (Vgl. Seidel, 2010, S .118) 1964 kam es zum endgültigen Bruch mit dem *PNV*. (Vgl. Seidel, 2010, S. 143)

Zur Zeit des Franco-Regimes wurde diese Untergrundorganisation immer stärker. (Vgl. Göbel, 1994, S. 627) Versuchte sie anfangs ihre Ziele noch mit friedlichen Mitteln durchzusetzen, ging sie spätestens in den 70ern zu Gewaltaktionen wie Bombenanschlägen oder Entführungen über. (Vgl. Nohlen, 2005, S. 275) Bereits 1968 kam es zum ersten Mordfall. (Vgl. Seidel, 2010, S. 142) Zu jener Zeit erfuhr die Organisation in ganz Spanien Zuspruch, vor allem von der unterdrückten Opposition. (Vgl. Wuhrer, 2007) Auch nach 1975 prägte sie die spanische Terrorismusszene durch zahlreiche Attentate, Entführungen und Bombenanschläge. (Vgl. Bernecker / Pietschmann, S. 373) Hauptgrund dürfte die Nichtanerkennung des Befreiungskampfes durch den spanischen Staat sein. Unmittelbar nach dem Tod Francos standen noch immer noch die Franquisten im Machtzentrum. Kein einziger der Folterer wurde je zur Rechenschaft gezogen, und die Militärs waren nach wie vor die gleichen wie jene in der Franco-Ära. 1976-1979 gab es die meisten Anschläge in der Geschichte der *ETA*. (Vgl. Wuhrer, 2007) So wurden zum Beispiel mehrere Sprengstoffattentate auf den begonnenen Bau des Atomkraftwerkes von Lemoniz verübt. Das Kraftwerk wurde daraufhin nicht fertiggestellt. (Vgl. Seidel, 2010, S. 158) Die *ETA* hat den Tod von 600 Menschen zwischen 1968 und 1990 zu verantworten. Die meisten von ihnen waren Angehörige der Polizei und Armee. (Vgl. Nowak, 1994, S. 83) 1998 gab es einen einjährigen Waffenstillstand seitens der *ETA*. Dieser wurde deshalb aufgehoben, weil ihrer Meinung nach das Baskenland dem Ziel, unabhängig zu werden, nicht näher gekommen sei. (Vgl. Wuhrer, 2007) Die Mehrheit der BaskInnen spricht sich gegen die Ziele der Organisation aus. (Vgl. Lehmann, 2000)

Obwohl viele Forderungen der Autonomiebewegung erfüllt sind, ist die *ETA* weiterhin terroristisch aktiv. (Vgl. Göbel, 1994, S. 627) Dennoch haben ihre Aktivitäten Spanien nicht zu einem illiberalen Polizeistaat gemacht. (Vgl. Kraus / Merkel, S. 62) Obwohl die spanischen Sicherheitskräfte zahlreiche Fahndungserfolge verbuchen konnten, gelang es einem radikalen harten Kern der *ETA*, der nicht immer aus der Mehrheit seiner Mitglieder bestand, den Terror bis heute immer wieder aufs Neue zu reorganisieren. (Vgl. Seidel, 2010, S. 144) Die repressive Politik der Regierungen hat somit langfristig gesehen wenig gebracht. (Vgl. Wuhrer, 2007) In der jüngeren Vergangenheit wurden immer wieder Anschläge in Urlaubsorten verübt, um internationale Aufmerksamkeit zu erlangen und um den Tourismus, der in Spanien einer der bedeutendsten Wirtschaftszweige darstellt, zu treffen. (Vgl. Seidel, 2010, S. 164)

4.3 Schottland

4.3.1 Parteien

4.3.1.1 Scottish National Party – Schottische Nationalpartei

1928 wurde die *National Party of Scotland (NPD)* gegründet. Sie entstand aus der Vereinigung der *Scottish Home Rule Association* und der *Scots National League*. (Vgl. De Lieven / Türsan, 1998, S. 105) Ihr zentraler Programmpunkt war von Anfang an die schottische Unabhängigkeit. (Vgl. Sturm, 1999, S. 78) Seit den 1960er Jahren setzt sich die in *Scottish National Party (SNP)* umbenannte Partei permanent für ein unabhängiges Schottland ein. (Vgl. Kratzer, 2009) 1970 wurde erstmals eine Wahl gewonnen, nämlich im Wahlkreis *Western Isles*. (Vgl. Maurer, 2010, S. 275) Infolgedessen änderten die beiden Großparteien des Vereinigten Königreichs ihr Programm bezüglich Schottlands Unabhängigkeit. (Vgl. Devine, 2008, S. 143-144) Erheblich war ihr Aufstieg bei gleichzeitigen Verlusten der Labour Party in den 70er Jahren. 1974 wurden elf der 71 schottischen Sitze im Parlament errungen. (Vgl. Mergel, 2005, S. 170) Nachdem 1976 keine der beiden Großparteien eine absolute

Mehrheit erringen konnte, unterstützte die SNP gemeinsam mit der walisischen *Plaid Cymru* und den Liberalen die *Labour Party*. (Vgl. Bogdanor, 1999, S. 21) Sowohl bei der schottischen als auch bei der walisischen Nationalpartei war der Pakt unbeliebt, sodass sie der Lib-Lab Regierung nur bis 1978 zur Seite standen. (Vgl. BBC) Die Partei stellte sich als kritische Bürgerpartei dar. Zusätzlichen Anschub erlangte man durch die Entdeckung des Nordseeöls, welches mit dem Slogan „*It's our oil*" zu einem regionalistischen Thema aufgebaut wurde. (Vgl. Mergel, 2005, S. 170) Dabei wurde und wird nach wie vor unterstellt, dass ein selbstständiges Schottland mit eigenen Ressourcen die wirtschaftlichen Probleme des Landes lösen könne. (Vgl. Maurer, 2010, S. 275) Noch heute wird der Slogan von der Partei für Wahlkampagnen benutzt. (Vgl. Kratzer, 2009, S. 52)

Die Partei forderte schon lange ein *Devolution*-Programm für Schottland. Ein eigenes schottisches Parlament mit legislativen Rechten sollte geschaffen werden. (Vgl. Mergel, 2005, S. 170) In den 60er und 70er Jahren konnte die *SNP* ihre Stellung im politischen System Schottlands manifestieren. (Vgl. Kratzer, 2009, S.1) 1979 begann eine Periode, in der bis 1997 die Konservativen mit absoluter Mehrheit regieren konnte. Die *SNP* hingegen verlor 1979 bei der britischen Unterhauswahl neun ihrer elf Mandate. (Vgl. Finley, 2004, S. 341) 1999, bei den ersten schottischen Parlamentswahlen seit 300 Jahren, konnte die *SNP* mit 35 Sitzen ins Parlament einziehen und bildete dort die Opposition. (Vgl. Maurer, 2010, S. 295) Seit damals konnte die Partei an Stimmen zulegen. (Vgl. Schlögl, 2008, S. 86) 2003 kam sie jedoch nur noch auf 26 Sitze. (Vgl. Maurer, 2010, S. 297) 2007 wurde sie stimmenstärkste Partei im schottischen Parlament und regierte daraufhin bis 2011 in Form einer Minderheitsregierung. Dabei wurde sie von der *Scottish Green Party* unterstützt. (Vgl. Kratzer, 2009, S.2) Eine Koalition scheiterte an der Forderung eines Plebiszits seitens der SNP und der Uneinigkeit in Umweltfragen. (Vgl. Politics, 2007) Im britischen Unterhaus arbeitet die Partei mit der walisischen „*Plaid Cymru*" in einer Parlamentsgruppe zusammen. (Vgl. Kratzer, 2009, S. 26) Bei den Regionalwahlen 2011 errang die Partei erstmals die absolute Mehrheit im Parlament. (Vgl. Schuhmann, 2011, S. 3) Sie profitierte vor allem von den Verlusten der Liberaldemokraten. (Vgl. Bunke, 2011) Parteichef Alex Elliot Salmond kündigte an, eine Volksabstimmung für die Unabhängigkeit in den nächsten fünf Jahren durchzuführen. (Vgl. Schuhmann, 2011, S. 3)

Die heutige *SNP* besitzt eine sozialdemokratische Grundausrichtung (Vgl. Kratzer, 2009, S. 5) mit typischen Programmschwerpunkten der Gesundheits-, Bildungs- und Arbeitsmarktpolitik. Die zur Verfügung stehenden finanziellen Ressourcen für notwendige Investitionen um die schottische Wirtschaft umzustrukturieren sollen erhöht (Vgl. Borger, 2008, S. 3) und eine steuerliche Autonomie gewährt werden. (Vgl. Kratzer, 2009, S. 72) Die politische Union mit England wird vorwiegend negativ gesehen. (Vgl. Darndanelli, 2003, S. 274) Heute hat die Partei ungefähr 14000 Mitglieder (Vgl. Scottish Natioal Party, 2008) und wird in Schottland als zweite Großpartei neben der Labour Party angesehen. (Vgl. Kratzer, 2009, 76) Durch ihre Popularität sowie Finanzierung von Wahlkampagnen helfen Stars wie der Hollywood-Schauspieler Sean Connery der Partei enorm. (Vgl. Maurer, 2010, S. 299)

4.3.1.1 Weitere Parteien

Für eine Unabhängigkeit treten auch die *Scottish Green Party* sowie die *Scottish Socialist Party* ein. (Vgl. Scottish Executive) Die *Scottish Socialist Party* steht allerdings den grundsätzlichen Interessen der Arbeiterklasse feindlich gegenüber. Sämtliche soziale Missstände werden auf die Union mit England und Wales geschoben. Sie unterstützt die *SNP* in der Kampagne für Unabhängigkeit. (Vgl. James / Marsden, 2010) 1999 konnte die Partei einen Sitz und 2003 deren sechs im schottischen Parlament erringen. (Vgl. Scottish Parliament, 2007) Es gibt noch einige weitere Parteien, die für die Unabhängigkeit eintreten. Die *Free Scotland Party*, *Scottish Enterprise Party*, *Scottish National Front* und die *Scottish Repuclican Socialist Movement* sind zur Zeit aber allesamt nicht im Parlament vertreten und somit politisch und gesellschaftlich wenig relevant. (Vgl. Schlögl, 2008, S. 88) 2009 formierte sich die *Scottish Enterprise Party* neu und heißt jetzt *Scottish Democratic Alliance*. Sie spricht sich für einen Austritt aus der *EU* aus. (Vgl. Scottish Democratic Alliance) Die *Free Scotland Party* tritt sowohl für die Unabhängigkeit Schottlands vom Vereinigten Königreich an und spricht sich ebenfalls für einen Austritt aus der *EU* aus. Ihrer Meinung nach ist die *EU* korrupt und undemokratisch. Als Vorbild eines unabhängigen Staates dient Norwegen. (Vgl. Free Scotland Party)

4.3.2 Fussballvereine

Celtic Glasgow und die *Glasgow Rangers* sind die Erzfeinde im schottischen Fussball. Das Duell der beiden Klubs wird auch als „*Old Firm*" bezeichnet. Die erbitterte Gegnerschaft hat politische, religiöse und soziale Gründe. Ende des 19. Jahrhunderts wanderten viele katholische IrInnen ins damals wohlhabende Glasgow ein. Ein irischer Mönch gründete 1887 den *Celtic Football and Athletic Club*. Schottische Studenten gründeten den protestantisch geprägten *Klub Glasgow Rangers* bereits 1873. Bis 1989 beschäftigte man dort nur Protestanten. Von Anfang an galt der Verein als kronloyal zum Vereinigten Königreich, dies drückt sich auch in ihren blau-weißen Trikots aus. *Celtic* hingegen spielt in irischem Grün-Weiß. (Vgl. Sotscheck, 2011) Eine Unabhängigkeit Schottlands wird befürwortet. (Vgl. König, 2008) Die Wappenfarben des Vereins werden als *„emerald green"* und *„white hoops"* bezeichnet. Beim Einwandererklub legt man Wert darauf, dass man stets alle Spieler, gleich welche Nationalität, Konfession oder Herkunft man hatte, willkommen hieß. (Vgl. Schmiedhofer, 2008)

4.3.3 Weitere Organisationen

1853 wurde die *National Association for Vindication of Scottish Rights (NAVSR)* ins Leben gerufen. (Vgl. Maurer, 2010, S. 230) Zwar besaß diese Organisation nicht viele Mitglieder, dafür waren diese aber sehr angesehene Bürger. Ziel war es, die Zahl der schottischen Parlamentssitze aufzustocken, und die ihrer Meinung nach ungleiche Behandlung der Regionen zu beseitigen. Die Zahl der Parlamentssitze für SchottInnen wurde 1832 tatsächlich erhöht – nämlich von 45 auf 53. Außerdem wurde ihrer Forderung, einen eigenen Schottlandminister zu erhalten, nachgekommen. (Vgl. Maurer, 2010, S. 231) Um die Jahrhundertwende entstanden immer mehr politische Bewegungen, die ein selbstständiges Schottland zum Ziel hatten. (Vgl. Maurer, 2010, S. 233)

Nach Ende des Ersten Weltkriegs entstanden Organisationen, welche Abgeordnete des liberalen und linken Flügels von der Notwendigkeit eines eigenständigen schottischen Parlaments überzeugen wollten, so zum Beispiel die Lobbyorganisation *Scottish Home Rule Association*. (Vgl. Sturm, 1999) Sie wurde 1886 gegründet. Ihre Hauptforderungen lagen in politischen Angelegenheiten: Sie verlangte mehr Unabhängigkeit sowie eine freie Verwaltbarkeit. (Vgl. Maurer, 2010, S. 233) Außerdem trat sie für eine legislative Mitsprache ein. (Vgl. Deacon / Sandry, 2007, S. 50f) Dafür sollte ein schottisches Parlament eingerichtet werden. (Vgl. Sturm, 2000, S. 353)

1919 wurde die *Scots National League* gegründet. Sie verlangte konsequent die völlige Unabhängigkeit. 1928 vereinigte sie sich mit der *Scottish Home Rule Association* und gründete danach die *National Party of Scotland*. (Vgl. De Winter / Türsan, 1998, S. 105) Ende der 40er Jahre entstand die *Scottish Convention*. Dieser Verein äußerte ein nationalistisches Interesse. Eine groß initiierte Petition brachte jedoch keine gewünschte Wirkung auf die etablierten Parteien. (Vgl. Maurer, 2010, S. 274) Die *Scottish National Assembly* verabschiedete 1949 eine Vereinbarung, die in Edinburgh begeistert gefeiert wird. Zwei Millionen Menschen unterschrieben diese. Darin wurde ein selbstverwaltetes Schottland mit eigenem Parlament verlangt. Allerdings blieb diese Initiative politisch ohne Folge. (Vgl. Baedeker, 2000, S. 43)

1992 wurde *Scotland United* als Reaktion auf den erneuten Wahlsieg der Konservativen gegründet. Binnen kürzester Zeit zog sie Massen von Anhängern der Autonomie an. (Vgl. Semsek, 2002, S. 25)

Je mehr Zugeständnisse das britische Parlament machte, umso größer wurden die Forderungen der NationalistInnen. (Vgl. Deacon / Sandry, S. 50 – 51)

4.4 Vergleich

4.4.1 Parteien

In allen von mir behandelten Regionen existieren Parteien, die eine Unabhängigkeit von einem bestehenden Gesamtstaat anstreben:

In Flandern existieren zwei nationalistische Parteien. Während der von vielen Experten als rechtsextrem eingestufte *Vlaams Belang* für das Konzept einer Volksgemeinschaft eintritt, sieht sich die *N-VA* als rechtsliberale Partei. Erstere macht allein die Wallonen und Ausländer (vor allem Muslime) für alles Schlechte verantwortlich. Die Allianz hingegen macht auch die ihrer Meinung nach ineffiziente Staatsstruktur für viele Missstände verantwortlich.

In Spanien sind sowohl das Baskenland als auch Katalonien von mehreren separatistischen Parteien geprägt. Im Baskenland ist der ethnisch ausgerichtete *PNV* die wichtigste Partei. Ihrem Ursprung nach christlich-sozial, pflegt sie auch Kontakte mit der *ETA*.

In Katalonien ist die *CiU* dominierende Kraft. Im Gegensatz zum *PNV* ist sie eine neoliberale Partei rechts der Mitte, die jedoch nicht auf das Konzept einer Volksgemeinschaft aufbaut. Sowohl *PNV* als auch *CiU* beschreiten einen pragmatischen Weg, wenn es um Regierungsbeteiligungen sowohl im spanischen Parlament als auch in den jeweiligen Regionalparlamenten geht.

In beiden Regionen sind neben den beiden erwähnten Parteien noch eine Reihe weiterer Parteien in den Regionalparlamenten vertreten. Im Baskenland sind dies vor allem Parteien links der Mitte bis hin zu extremistischen Bewegungen. Einige von ihnen stehen sogar im Kontakt mit der Terrororganisation *ETA*. In Katalonien ist die sozialdemokratische *ERC* durchaus von Bedeutung. Die anderen Parteien sind zurzeit nicht im Regionalparlament vertreten. In Schottland dominiert die *SNP* das politische Geschehen. Bei den letzten Parlamentswahlen 2011 konnte sie zum ersten Mal in der Geschichte Schottlands eine absolute Mehrheit im Parlament erreichen. Neben dieser sozialdemokratischen Partei gibt es zwar noch eine Reihe weiterer separatistischer Parteien, diese verfügen aber über keinen Sitz im Regionalparlament.

Wie unschwer zu erkennen ist, sind in allen behandelten Regionen Parteien vorhanden, die fest in der Gesellschaft verankert sind. In Schottland spielt eine einzige nationalistische Partei eine derart dominante Rolle, dass die übrigen Parteien, die sich für Unabhängigkeit einsetzen, kaum Chancen haben, gehört zu werden. In Flandern gibt es dagegen zwei nationalistische Parteien, die bedeutend sind. Bis jetzt war es zwar der *N-VA* vorbehalten, Regierungsverantwortung zu übernehmen, doch es ist keineswegs ausgeschlossen, dass in naher Zukunft auch der *Vlaams Belang* in eine Koalition involviert wird. Sowohl im Baskenland als auch in Katalonien stellt eine nationalistische Partei die restlichen Parteien in den Schatten. Dennoch gibt es noch weitere Parteien von unterschiedlicher Größe, die den Gesetzgebungsprozess beeinflussten und beeinflussten.

Grundsätzlich lassen sich zwei Strömungen von Nationalismus erkennen. Wie in Kapitel 3.4.6 beschrieben, sind diese zum einen der ethnische Nationalismus und zum anderen der politische. Die großen nationalistischen Parteien dieser Regionen lassen sich grob zu einem dieser Nationalismen zuordnen: Der baskische *PNV* zählt eindeutig zum ethnischen Nationalismus, die katalanische *CiU* zum politischen. Ebenso ist die schottische Nationalpartei eindeutig letzterem zuzuordnen. In Belgien sind beide Strömungen vorhanden, dementsprechend repräsentieren die beiden Parteien jeweils eine Art von Nationalismus. Die *N-VA* kann man (wenn auch nicht so eindeutig wie etwa den schottischen) als politischen Nationalismus klassifizieren, den *Vlaams Belang* (dafür umso deutlicher) als ethnischen.

4.4.2 Fussballvereine

In Katalonien ist der *FC Barcelona* ein Symbol für das Verlangen der Unabhängigkeit. Die antifranquistische und damit verbundene antizentralistische Haltung ist beim Klub heute so ausgeprägt wie selten zuvor. Sogar eine eigene katalanische Nationalmannschaft nach dem Vorbild Schottlands wird angestrebt. Die Feindschaft zum Erzrivalen *Real Madrid* ergibt sich hauptsächlich aus dieser Konfliktlinie zwischen Zentralismus (Real Madrid wird als zentralistischer Klub angesehen) und Nationalismus. Zur weltweiten Bekanntheit des sogenannten *El Clásico* tragen vermutlich auch die Größe und Erfolge der Klubs bei. Auch in Bilbao spielt Fußball eine nicht zu unterschätzende Rolle im Kampf um Autonomie. Die ethnische Ausrichtung des baskischen Nationalismus zeigt sich auch hier. So sind bei *Atletic Bilbao* - im Gegensatz zum FC Barcelona - ausschließlich baskische bzw. baskisch stämmige

Spieler zugelassen.

In Schottland begründet sich die Rivalität zwischen den beiden Großklubs *Glasgow Rangers* und *Celtic Glasgow* auf mehrere Faktoren. Zwar ist die Konfliktlinie zwischen Zentralismus und Nationalismus gegeben, aber es existieren auch andere, zum Beispiel Religion. In Schottland ist jener Fußballverein, der sich mit der Unabhängigkeitsbewegung solidarisch erklärt (nämlich Celtic Glasgow) als Träger für die Unabhängigkeitsbestrebung bei weitem nicht so wichtig wie in Spanien und dort insbesondere in Katalonien.

4.4.3 Weitere Organisationen

Im Baskenland nimmt die Terrororganisation *ETA* eine Sonderstellung ein. Weder in Flandern noch in Katalonien oder Schottland gibt es eine organisierte, gewaltbereite Organisation, die für die Unabhängigkeit kämpft. Auch im Baskenland lehnt die überwiegende Mehrheit den bewaffneten Kampf ab. In Katalonien ist neben (wie beschrieben) der *FC Barcelona* wichtigster Träger der Unabhängigkeitsbewegung, weitere Organisationen findet man kaum. In Flandern ist die Stellung der beiden nationalistischen Parteien derartig stark, dass neben ihnen kaum Platz für anderweitige Organisationen ist. Lediglich die *Flämische Bewegung*, welche heute in fast allen Parteien der Region tätig ist, ist erwähnenswert.

In Schottland hingegen waren schon lange vor den ersten Parteigründungen Organisationen, die um Unabhängigkeit kämpften, aktiv. Einige dieser Lobbyorganisationen konnten konkrete Erfolge vorweisen, zum Beispiel wurde ein eigener Schottlandminister ernannt. Eine der Organisationen mündete in die Gründung einer nationalistischen schottischen Partei, welche sich später in *SNP* umbenannte.

5 Die Rolle der EU

Viele SeparatistInnen befürworten eine Integration Europas. Der Grund dafür liegt unter anderem in der Unterstützung des Subsidiaritätsprinzips seitens der *Europäischen Union*. Diese erhofft sich damit eine effizientere Verwaltung, da diese auf die örtlichen Gegebenheiten zugeschnitten werden. (Vgl. Mayerl, 2007)

5.1 Flandern

5.1.1 Die Region und die EU

2010 wurde der Vorsitz des Rates der Europäischen Union an Belgien übergeben. Flandern übernahm dabei den Vorsitz für die politischen Bereiche Unterricht, Jugend, Sport, Umwelt und Fischerei. Die Region übernahm außerdem Veranstaltungen im Bereich Forschung. Der EU-Sitz konnte hervorragend zum Herausheben der Vorteile Flanderns ausgenutzt werden. (Vgl. Flämisches Außenministerium)

5.1.2 Die Parteien und die EU

Während der *Vlaams Belang* europafeindlich gesinnt ist, fährt die *N-VA* einen proeuropäischen Kurs. (Vgl. Goavert, 2010) Der *Vlaams Belang gehört* keiner Europäischen Fraktion an. (Vgl. Riedel, 2006, S. 12) Die *NV-A* ist der Meinung, dass man als Mitglied der EU den alten Staat nicht mehr benötigt. (Vgl. Wils, 2001) Im Europaparlament gehört sie zur Fraktion der European *Free Alliance*. (Vgl. European Free Alliance) Die Partei hofft, durch die EU den Separationsprozess Belgiens beschleunigen zu können. Bereiche wie Verteidigung und Umweltschutz sollten ihrer Meinung nach von der EU geregelt werden. (Vgl. Stares, 2009)

Der *Vlaams Belang* lehnt den seiner Meinung nach vorherrschenden „erstickenden Zentralismus" Europas ab. Trotz seiner grundsätzlichen Ablehnung fordert er ein starkes und mächtiges Europa. Verwirklicht werden soll eine gemeinsame Verteidigungspolitik (um sich vor dem vermeintlichen „muslimischen Feind" zu verteidigen) sowie eine koordinierte Einwanderungs- und Asylpolitik. (Vgl. Ivaldi / Swyngedouw, 2003, S. 9)

5.2 Katalonien – Baskenland

5.2.1 Die Regionen und die EU

Mit dem Beitritt zur *Europäischen Gemeinschaft* im Jahre 1986 öffnete sich Spanien nach außen hin. (Vgl. Göbel, 1994, S. 627) Dieser Beitritt wurde im spanischen Parlament einstimmig beschlossen. (Vgl. Borgmann, 1991, S. 3) Auch die Autonomen Regionen sehen die Eingliederung als positiv. (Vgl. Ardanza, 1986)

5.2.2 Die Parteien und die EU

Sollte das Baskenland je ein unabhängiger Staat werden, treten die *PNV* und die *EA* für den Verbleib in der Europäischen Union ein. (Vgl. Schlögl, 2008, S. 111)
Der baskische *PNV* ist im Europäischen Parlament Mitglied der Liberalen (*ALDE*). Bis 2004 war sie bei der *European Free Alliance* Miglied. Auch die katalanische *CiU* gehört zur ALDE. (Vgl. Alliance of Liberals and Democrats for Europe, 2011) Hingegen ist dort die katalanische *ECR* in der *European Free Alliance* integriert. (Vgl. Riedel, 2006, S. 6) Auch die baskische *Euskara Alkartasuna* ist in dieser Europapartei Mitglied. (Vgl. European Free Alliance)

5.2.3 Sichtweise der EU

Im Sprachenstreit bemüht sich die Europäische Kommission eine neutrale Position einzunehmen. Jedoch ist man dem Wunsch nachgekommen, bestimmte EU-Rechtsakte auf Katalanisch, Baskisch und Galicisch erscheinen zu lassen. (Vgl. Riedel, 2006, S. 25)

5.3 Schottland

5.3.1 Die Region und die EU

2007 wurde in Schottland ein Europaministerium (Ministerium für Europa, äußere Angelegenheiten und Kultur), welches es seit 2000 nicht mehr gab, neu eingerichtet. (Vgl. Kratzer, 2010, S. 91)

5.3.2 Die Parteien und die EU

Schon in den 1930er und 40er Jahren trat die *SNP* für die europäische Integration ein. (Vgl. Mitchell, 1998, S. 109-111) In den 1960ern wurde die Europäische Gemeinschaft kritisiert, da diese von der Partei als elitär und zentralistisch angesehen wurde. Außerdem führte das Königreich Beitrittsverhandlungen ohne Einflussmöglichkeiten Schottlands mit der *EG* durch (Lynch, 1996, S. 30) Seit den 1980er Jahren bezieht die *SNP* wiederum eine proeuropäische Position, (Vgl. Kratzer, 2009, S.3) wobei diese innerhalb der Partei zunächst nicht unumstritten war. (Vgl. Mitchell, 1999, S. 119) 1988 wurde das Leitmotiv *„Independence in Europe"* zur offiziellen Parteilinie. (Vgl. Lynch, 1996, S.40) Durch das nun ausgegebene Ziel des europäischen Regionalismus wurde dem Vorwurf der Isolation entgegengetreten. (Vgl. Torrance, 2010) Spätestens zu diesem Zeitpunkt standen die Parteimitglieder geschlossen hinter dieser Entscheidung. (Vgl. Lynch, 1996, S.40) Als positiv wurden nun die wirtschaftlichen Vorteile durch einen gemeinsamen europäischen Markt, die Gleichstellung kleinerer Länder bei Ratspräsidentschaften und Vetorechten und die Überrepräsentation in der Kommission, dem Rat und dem Europäischen Parlament im Verhältnis zur Bevölkerung bewertet. (Vgl. Darndanelli, 2003, S. 278) Die Partei tritt für eine weitere Zentralisierung der Wirtschafts- und Sicherheitspolitik in Europa an. Gleichzeitig sollen jedoch soziale und kulturelle Bereiche dezentralisiert und somit den Regionen überlassen werden. (Vgl. Perry, 1991, S. 261) Insgesamt sieht man heute in der Europäischen Union bessere Möglichkeiten zur Mitsprache für Regionen als im Vereinigten Königreich. (Vgl. Kratzer, 2009, S. 94) Im Gegensatz zu England (in dem vor allem die Konservativen europaskeptisch sind), ist Schottland klar auf Europa ausgerichtet. (Vgl. Maurer, 2010, S. 15) Im Europäischen Parlament ist die *SNP* Teil der Partei *„Europäische Freie Allianz"*. Diese und die Partei *„Europäische Grüne Partei"* bilden zusammen die Fraktion *„Die Grünen/Europäische Freie Allianz"*. (Vgl. Kratzer, 2009, S. 26)

5.4 Vergleich

Prinzipiell sind die meisten separatistischen Parteien, die oben beschrieben wurden, der europäischen Union wohlwollend gesinnt. Die einzige Ausnahme bildet der *Vlaams Belang*, welcher den europäischen Zentralismus ablehnt. Dennoch tritt er für eine gemeinsame Verteidigungs-, Einwanderungs- und Asylpolitik ein. Für die *N-VA* bietet die EU die Chance, unabhängig von Belgien zu werden, welches nach Meinung der Partei in einem *Europa der*

Regionen überflüssig sei. Man hofft, dass der Prozess der Loslösung durch die europäische Integration beschleunigt wird. Die schottische Nationalpartei sieht in der EU eine größere Chance zur Mitsprache als im Vereinigten Königreich. Sie steht für eine gemeinsame Wirtschafts- und Sicherheitspolitik ein, will allerdings soziale und kulturelle Belange dezentralisieren.

Einige relevante Parteien, die in dieser Arbeit dargestellt wurden, sind in der Europapartei *European Free Alliance* integriert. Daraus kann man schließen, dass diese Parteien einer europäischen Integration grundsätzlich positiv gegenüberstehen. Zur *EFA* gehören die flämische *N-VA* und die schottische *SNP*. Aus Spanien sind die linken Parteien Kataloniens und des Baskenlands, die *ECR* und die *EA*, vertreten. Die großen separatistischen Parteien rechts der Mitte, *PNV* und *CiU*, sind hingegen Mitglied der Liberalen. Nur der belgische *Vlaams Belang* ist fraktionslos.

5.5 Die European Free Alliance

Wie bereits in den vorangegangenen Kapiteln erläutert wurde, sind mehrere separatistische Parteien Mitglieder der *European Free Alliance.*

Die Anfänge der Europapartei gehen auf das Jahr 1981 zurück. Damals schlossen sich zwei belgische Abgeordnete mit einem italienischen zusammen, um regionale Interessen besser vertreten zu können. Als Spanien der *EG* beitrat, schloss sich der Vertreter der baskischen Organisation *Eusko Alkartusuna* an. 1989 vergrößerte sich die Mitgliederzahl beträchtlich. Neben spanischen Regionalparteien trat auch die *Lega Nord* bei. (Vgl. Riedel, 2006, S. 9) Sämtliche Mitgliederorganisationen bekennen sich zu den „*Prinzipien des demokratischen Nationalismus*". Darin wird behauptet, dass nicht alle Staaten innerhalb der EU „*Nationen*" darstellen, sondern einige Staaten aus mehreren Nationen bestünden. (Vgl. Riedel, 2006, S. 10)Die Partei verbindet Demokratie mit Nationalismus und lehnt sämtliche Formen von Rassismus und Faschismus entschieden ab. (Vgl. Riedel, 2006, S. 11) Seit 1987 arbeitet man im EP mit den Grünen zusammen. Die Zusammenarbeit ermöglicht den beiden Parteien, den Status als Fraktion anzunehmen. (Vgl. Riedel, 2006, S. 13)

6 Zusammenfassung der Kernbereiche

Welche sind nun die wichtigsten Erkenntnisse im Bezug auf die Forschungsfragen:

6.1 Welche Motive gibt es für Unabhängigkeitsbewegungen gibt es?

Im dritten Kapitel wurden die Motive für die Unabhängigkeitsbewegungen dargestellt. Wie beschrieben existieren verschiedenste Argumente, um nach Unabhängigkeit zu streben. Für jede der von mir abgehandelten Region sind andere Gründe entscheidend. Klar ist jedenfalls, dass immer ein Gemisch von Motiven zu diesen Bewegungen führt.

Im Baskenland und in Katalonien steht zwar die Unterdrückung zentralistischer Kräfte (vor allem durch die Franquisten) im Mittelpunkt, dennoch spielen auch andere Gründe eine wichtige Rolle. So ist die eigene Sprache vor allem in Katalonien heute von immenser praktischer Bedeutung, während sie im Baskenland von den NationalistInnen eher instrumentalisiert wird. Überdies seien geschichtliche und teilweise wirtschaftliche und ideologische Gründe erwähnt.

Auch in Belgien kann man von Rachegelüsten der Flamen und Fläminnen sprechen, doch ist auch dort letztendlich ein Bündel von Ursachen ausschlaggebend, warum man sich für ein unabhängiges Flandern ausspricht. Bedeutend scheinen vor allem die Transferzahlungen zu sein, die an den südlichen Landesteil zu überweisen sind. Die Grenze zwischen Flandern und der Wallonie kann gleichzeitig als kulturelle, sprachliche und vor allem auch als ideologische Grenze beschrieben werden. Letztere zeigt sich unter anderem dadurch, dass die Flamen und Fläminnen (im Gegensatz zu den Wallonen) politisch eher rechts der Mitte einzuordnen sind. Dies ist auch bei Wahlen nachweisbar.

Auch die SchottInnen sehen den Einheitsstaat nicht als sonderlich beliebt an, wenn auch die Antipathie zu einem (imaginären) „Feind" bei weitem nicht so ausgeprägt ist wie bei den anderen Regionen. Entscheidende Argumente sind dort die institutionellen Eigenheiten, die sich aus dem historischen Kontext ergeben (eigenes Recht, Kirche...)

6.2 Wer sind die Träger dieser Unabhängigkeitsbewegungen?

Es ist festzuhalten, dass in sämtlichen Regionen, die von mir untersucht wurden, die mit Abstand wichtigsten Träger der Unabhängigkeitsbewegungen die Parteien sind. In allen Regionen ist eine oder mehrere von ihnen im Parlament vertreten und sind dadurch auch realpolitisch essentiell.

Darüber hinaus gibt es einige weitere Organisationen, welche sich für dieses Ansinnen einsetzen. Die einzige gewalttätige Organisation besteht im Baskenland. Die Gewalttaten der *ETA* werden jedoch von der überwiegenden Mehrheit der Bevölkerung abgelehnt. Für Belgien sind bei meinen Recherchen keine weiteren Organisationen aufgetaucht. Die beiden separatistischen Parteien weisen offenbar eine derartig dominante Stellung auf, dass eine zivile Bewegung nicht vonnöten ist. In Spanien sind noch die beiden Fußballklubs als Repräsentanten der nationalistischen Bestrebungen zu erwähnen, wobei vor allem der *FC Barcelona* über die Landesgrenzen hinaus Popularität erlangte. In Schottland existieren neben der Nationalpartei *SNP* viele andere Gruppierungen.

7 Nation – Nationalismus

7.1 Die Nation

Vier Hauptströmungen des Begriffs der Nation lassen sich klassifizieren:

7.1.1 Der „subjektive" Nationsbegriff

Die Nation ist hierbei ein Kollektiv, welches auf einem grundlegenden Konsens ihrer Mitglieder beruht. Diese sind also von der freiwilligen Zusammengehörigkeit überzeugt. Dieses Konzept der Nation hat in der Französischen Revolution ihren Ursprung. Aufgrund der Freiwilligkeit ist der Ein- und Austritt zur Nation leicht. Oftmals wird auch der Begriff „Staatsnation" verwendet. (Vgl. Jansen, Borggräfe, 2007, S. 11)

7.1.2 Der „objektive" Nationsbegriff

Hier werden den Individuen der Nation bestimmte „objektive" Kriterien zugeschrieben, welche außerhalb des Einflusses dieser liegen. Gemäß den unterschiedlichen objektivistischen Definitionen existieren viele verschiedene Zugehörigkeitskriterien, zum Beispiel: Sprache, Kultur, Tradition, Geschichte, gemeinsame Tradition, Territorium, „Volksgeist" und viele mehr. Oft wird auch der Begriff „Kulturnation" verwendet. (Vgl. Jansen, Borggräfe, 2007, S. 11f)

7.1.3 Der „kulturelle" Nationsbegriff

In den 1980er Jahren wurde der subjektivistische Ansatz von Nationalismustheoretikern radikalisiert. Für sie sind Nationen nur „vorgestellte Gemeinschaften" bzw. „gedachte Ordnungen". Die Betonung verlagerte sich auf die gesellschaftliche und vor allem kulturelle Sichtweise. Eine wirkliche Beziehung zu allen Landsleuten ist aufgrund der hohen Anzahl nicht möglich, daher besteht eine Gemeinschaft mit ihnen nur in den Köpfen, als „vorgestellte Gemeinschaft". (Vgl. Jansen, Borggräfe, 2007, S. 14f)

7.1.4 Der „ethnische" Nationsbegriff

Dieser Begriff beruft sich auf die gemeinsame Herkunft ihrer Mitglieder. Die Nation ist also hier nicht nachträglich konstruiert, sondern leitet sich von einem Volk ab. Völker, die innerhalb dieses Staates eine sprachlich oder kulturell abgrenzbare Einheit und einen eigenen Nationalstaat bilden, werden „Nationalitäten" genannt. (Vgl. Jansen, Borggräfe, 2007, S. 15f)

7.2 Nationalismus

7.2.1 Nationalismus als Gemisch politischer Ideen, Gefühle und Symbole

Drei Ebenen werden unterschieden:

Zur *ideologischen Ebene* zählt die Definition der Nation, die bestimmt welche Ein- und Ausschließungskriterien gültig sind und welche Eigenschaften den Mitgliedern zugeschrieben werden.

Zur *symbolischen Ebene* zählt der Name der Nation, mythologische Erzählungen über ihre Geschichte und ihr „Wesen". Äußere Merkmale zählen ebenso dazu, wie Trachten und Gebräuche.

Die Ebene der staatlichen Identifikationsangebote drückt sich aus in Flaggen, Hymnen, Münzen, Uniformen usw. und tritt erst nach der Schaffung eines Nationalstaates auf. (Vgl. Jansen, Borggräfe, 2007, S. 15f)

7.2.2 Nationalismus als politische Bewegung

Diese Art des Nationalismus strebt ein bestimmtes Ergebnis an. Für ein erwünschtes Ziel werden dadurch oftmals historische Fakten zu den Gunsten der Bewegung genutzt, indem sie einseitig ausgelegt oder sogar gefälscht werden.

Oft beginnen separatistische Nationalismen, die sich aus einem bestehenden Staat herauslösen wollen und einen eigenen Nationalstaat gründen wollen, als sprachliche und/oder kulturelle Autonomiebewegungen. Während liberale und demokratische NationalistInnen an die Einheit und Autonomie durch politische Freiheit und demokratische Selbstverwaltung, also Selbstbestimmung, glauben, wollen autoritäre NationalistInnen diese durch Zwang und Einschränkung individueller Freiheiten von oben durchsetzen. (Vgl. Jansen, Borggräfe, 2007, S. 20ff)

7.2.3 Der moderne Nationalismus

Zwar betonen viele Nationalismen die Kontinuität der eigenen Nation zu möglichst alten Völkern oder Stämmen. Diese angebliche Zugehörigkeit ist jedoch im Nachhinein konstruiert.

Darum ist die Mehrheit der Geschichtsforscher der Ansicht, dass nur moderne Gesellschaften Nationen begründen können. Nationalismus kann sich auch in multiethnischen Staaten entwickeln, Beispiele hierfür sind die USA und die Schweiz. (Vgl. Jansen, Borggräfe, 2007, S. 25f)

7.3 Moderne Nationalismustheorien

7.3.1 Soziale Kommunikation und Nationalismus

Für den Politikwissenschaftler ist die Nation ein „Allzweckkommunikationsnetz von Menschen". (Deutsch, 1975, S. 50) Sie kommt für ihn mit dem Beginn der Moderne auf. Der Nationalismus sei eine Geistesverfassung, welche der nationalen Kommunikation und nationalen Nachrichten Priorität vor allem anderen beimisst. Grundlage der Nationsbildung sind folgende Prozesse:

- Entstehung von *Ländern*, geballt um wirtschaftliche Zentren, vereinigt durch Verkehrswege und Austauschbeziehungen
- Entwicklung einer standardisierten *Sprache* aus unterschiedlichen Dialekten
- *Durchsetzung der Sprache* durch eine Gruppe nationalistischer Intellektueller
- Ausweitung des *Gemeinschaftsgefühls* auf Grundlage sozialer Kommunikation, gemeinsamer Erfahrungen und Bedeutungsmodi der Sprache
- *Konstituierung* des Volkes, die auf diesem Gefühl basiert
- *Politische Integration* von Verwaltungseinheiten zu Staaten

(Vgl. Jansen, Borggräfe, 2007, S. 82ff)

Ein geschaffener Nationalstaat erfülle bestimmte *Funktionen*: Er schaffe *Ordnung*, sichere die Akzeptanz der Bevölkerung durch Reaktion auf ihre Bedürfnisse, biete *Sicherheit* durch Bereitstellung von *Dienstleistungen, schütze* vor äußeren Bedrohungen, sichere die Standards und Interessen der Bürger, fördere soziale *Mobilität* und vertikalen *Aufstieg* und gelte als Ursprung individuell-psychologischer Befriedigung. Die Nationen verfügten über eine höhere Leistungsfähigkeit als ihre Vorgängergesellschaften. (Vgl. Deutsch, 1972, S. 45)

7.3.2 Nationalismus, Kultur und Macht der Industriegesellschaft

Für den Anthropologen, Soziologen und Philosophen Ernest Gellner war „Nationalismus" ein politisches Prinzip, welches die Übereinstimmung zwischen *Politik* und *nationaler Einheit* voraussetzt. „Der Nationalismus ist vor allem ein politisches Prinzip, das besagt, politische und nationale Einheiten sollten deckungsgleich sein." (Gellner, 1991, S. 8) Diese auf Macht ausgerichtete gesellschaftliche *Organisation* ist die erste sozialanthropologische Konstante, die zweite ist für ihn die *Kultur*: „Der Nationalismus ist eine Form des politischen Denkens, die auf der Annahme beruht, dass soziale Bindung von kultureller Übereinstimmung abhängt." (Gellner, 1999, S. 17) *Organisation* und *Kultur* habe es immer gegeben. (Vgl. Jansen, Borggräfe, 2007, S. 87) Sie bezeichnet er als „Rohmaterial allen sozialen Lebens". (Geller, 1999, S. 16) *Staat* und *Nation* seien hingegen relativ junge Gebilde. Die *Nation* ist für Gellner ein modernes Phänomen und ein Ergebnis bestimmter sozialer Verhältnisse. (Vgl. Jansen, Borggräfe, 2007, S. 87) Die Übergangszeit zur *Industriegesellschaft* war gekennzeichnet durch Ungewissheit und Unsicherheit. Dadurch wurde die *Nation* attraktiv: Sie bot (und bietet) Halt und vermittelt(e) Identität. (Vgl. Gellner, 1991, S. 98) Dass dem so ist, zeigte für die SchottInnen Hugh Trevor-Roper: So kamen die Kultgegenstände des schottischen Nationalismus (z. B.: Kilt, Dudelsack) erst mit der Union in Mode und waren zuvor bei den SchottInnen verpönt. (Vgl. Kothe, 2011)

Gellner unterscheidet vier unterschiedliche Typen des Nationalismus in Europa, diese verlaufen nach Zonen:

- *Dynastische Staaten* entlang der Atlantikküste (Spanien, Italien, Frankreich, Großbritannien): Sie sind gekennzeichnet durch weitgehend identische Sprach- und Kulturzonen.
- Gebiet des ehemaligen *Heiligen Römischen Reiches*: Dort herrschte politische Uneinigkeit. Die NationalistInnen wollten die Staaten an die Hochkulturen Deutschlands und Italiens anpassen.
- *Ostmitteleuropa*: Sie ist eine Zone der Gewalt und Brutalität. Staaten und Kulturen mussten gewaltsam geschaffen werden, da sie kaum vorhanden waren.
- Ehemalige *Sowjetunion*

(Vgl. Gellner, 1991, S. 96)

Wo keine Industriegesellschaften vorherrschen, kann Gellners streng funktionalistischer Ansatz die Entstehung nationalistischer Gemeinschaftsvorstellungen kaum erklären. (Vgl. Jansen, Borggräfe, 2007, S. 91)

7.3.3 Die Nation als vorgestellte Gemeinschaft

Laut dem Politikwissenschaftler Benedict Anderson weist eine Nation vier Eigenschaften auf.
Sie sei:

- *vorgestellt*: Die meisten anderen Mitglieder der Nation kenne man nicht, die
Gemeinschaft existiere also nur im Kopf.

- *begrenzt,* da jede Nation eine (variable) Grenze besitze, welche ein bestimmtes
Territorium kennzeichne.

- *souverän,* da sie auf das Ziel eines unabhängigen und mächtigen Staates ausgerichtet sei.

- *gemeinschaftlich,* da sie unabhängig materieller und anderer Unterschiede als Verbund
von Gleichen verstanden werde.

(Vgl. Anderson, 2005, S. 14-16)

Das Zeitalter des Nationalismus begann in Europa Anfang des 19. Jahrhunderts. Im Zentrum
stand die Sprache, die Vorstellung der Nation basierte auf historischen Vorbildern. (Vgl.
Anderson, 2005, S. 82) Im dynastischen Europa stimmten Sprach- und Landesgrenzen selten
überein. Oftmals zog die Durchsetzung einer gemeinsamen Landessprache explosive Folgen
nach sich. (Vgl. Anderson, 2005, S. 88)

NationalistInnen vereinnahmten die Vergangenheit. Im Gegensatz zu den NationalistInnen im
frühen Amerika und während der Französischen Revolution, bezogen sich die späteren
NationalistInnen sehr gern auf die Geschichte. (Vgl. Anderson, 2005, S. 203)

Andersons Ansatz kann vor allem gut erklären, wie sich neue Gemeinschaftsvorstellungen in
den kulturellen Eliten durchsetzen. Allerdings wird nicht erklärt, wie diese Ideen zu
politischen Bewegungen und Massenphänomenen werden. (Vgl. Jansen, Borggräfe, 2007, S.
98)

7.3.4 Die Kontinuität der Ethnie und ihr Einfluss auf den Nationalismus

Der Nationalismusexperte Anthony Smith definiert die Nation als „named community
occupying a *homeland,* and having common *myths* and a shared society, a common public
culture, a single *economy* and common *rights* and *duties* for all members." (Smith, 2001, S.
13) Eine Nation basiere sowohl auf dem Willen als auch auf *"ethnischen"* Ursprüngen. Ethnie
sei nicht im Sinne des deutschen Begriffs „Volk" als Abstammungsgemeinschaft zu
verstehen. Sie werde vor allem durch Herkunft, Geschichte und Abstammungsmythen
bestimmt. Die Nation werde durch nationale Symbole und überlieferte Mythen geprägt. (Vgl.
Jansen, Borggräfe, 2007, S. 100f)

Smith unterscheidet drei Typen von Völkern:

- *Lateral-aristokratische* Völker: Diese auf einem großen Gebiet verbreiteten Völker seien in Osteuropa vorzufinden. Die sozio-kulturellen Strukturen von aristokratischen Eliten konnten nicht flächendeckend durchgesetzt werden.

- *Vertikaldemotisch* westeuropäischer Typ: Die Nationalisierung ihrer Bevölkerung lasse sich leichter vollziehen, weil kulturelle Standards und Errungenschaften stärker durchgesetzt wurden.

- *Fragmentarisch-emigrierte*: Diese aus verschiedenen Typen zusammengesetzten Ethnien seien in den USA oder Australien zu finden.

Unter Nationalismus versteht er "an ideological movement for the attainment and maintenance of *autonomy, unity,* and *identity* on behalf of a population deemed by some of its members to constitute an actual or potential *nation*". (Smith, 2001, S. 3)

7.3.5 Aktuelle Themen und Kontroversen

Die vorhergehenden Nationalismustheorien können den Anspruch der Vollständigkeit nicht erfüllen. Vielfach wurden Gellner und Anderson kritisiert, dass der Nationalismus zu sehr aus der Binnenperspektive des Einschlusses, zu wenig des Ausschlusses her gedeutet wurde. (Vgl. Jansen, Borggräfe, 2007, S. 104)

Neuere Ansätze und Diskussionen sollen im Folgenden kurz dargestellt werden:

7.3.5.1 Zusammenhang zwischen Nationalismus und Rassismus

Die jüngere Rassismusforschung ist der Meinung, dass ein unausweichlicher Zusammenhang zwischen Rassismus und Nationalismus besteht. Obwohl es viele Gemeinsamkeiten gibt, sind sie dennoch nicht identisch. Rassismus kann auch über nationale Grenzen hinweg Gemeinschaften kreieren, zum Beispiel „*die Weißen*" oder die „*arische Rasse*". Bei der Herausbildung der europäischen Nationalstaaten besaß keiner von ihnen eine „natürliche" ethnische Basis. Erst der Rassismus produzierte einen Begriff der Ethnizität, definierte das Volk, um das sich die Nation organisierte. (Vgl. Jansen, Borggräfe, 2007, S. 106) Bei den von mir behandelten Regionen weist jedoch nur eine Trägerorganisation, nämlich der flämische *Vlaams Belang*, eindeutig rassistische Elemente auf. (Siehe Kapitel 4.1.1) Selbst im Baskenland ist der Blut-und-Boden Rassismus der 50er Jahre nur mehr im Hintergrund präsent. (Vgl. Kirsche, 2000)

7.3.5.2 Nationalismus und Religion

Benedict Anderson sieht den Nationalismus ähnlich wie die Religion als ein kulturelles System. Durch den Bedeutungsverlust der Religion wurde die Entstehung des Nationalismus ausgelöst. Für den deutschen Historiker Hans-Ulrich Wehler sind zahlreiche Parallelen zwischen diesen beiden Begriffen auszumachen. (Vgl. Jansen, Borggräfe, 2007, S. 107) Unter anderem seien dies: „umfassende Sinndeutung", „Beharren auf dem Deutungsmonopol", gemeinsame „Rituale, welche die Macht des Glaubens (…) erfahrbar machen". (Wehler, 2001, S. 32) Darüber hinaus spielen Opfer eine große Rolle. Der europäische Nationalismus habe das Erbe der christlichen Religion und des jüdischen Kerns angetreten. (Wehler, 2001, S. 29) Von anderen Autoren wird der Zusammenhang zwischen Säkularisierung und Aufstieg des Nationalismus zurückgewiesen. (Vgl. Jansen, Borggräfe, 2007, S. 109)

7.4 Nationale Selbstbestimmung in den behandelten Regionen

Der Nationalismusforscher Miroslav Hroch bezeichnet die Unabhängigkeitsbestrebungen der von mir behandelten Regionen als *„desintegrierte Bewegungen"*. (Vgl. Hroch, 2005, S. 105-107)
Ideengeschichtlich lassen sich grob zwei idealtypische Konstruktionsmuster zur Begründung der Nationalität begründen. Der *ethnisch* begründete Nationalismus begründet die Zugehörigkeit zur Nation mit angeblich natürlichen oder angeborenen Eigenschaften. Diese Variante hat ihren Ursprung im deutschsprachigen Raum. Hingegen entscheidet beim *politischen* (oder *kulturellen*) Nationalismus das Leben innerhalb der Staatsgrenzen oder im Geltungsbereich der Verfassung über ebendiese. Diese Version stammt aus dem revolutionären Frankreich. (Vgl. Jansen, Borggräfe, 2007, S. 185)
Zum *ethnisch* fundierten Nationalismus lässt sich die baskische Unabhängikeitsbewegung zählen. Hingegen ist der katalanische Nationalismus eher kulturell begründet. (Siehe Kapitel 3.2.7) Symptomatisch für diese Gegensätzlichkeit sind die beiden wichtigsten Fußballklubs dieser Regionen. Wie in Kapitel 4.4.2 dargelegt, werden im Baskenland nur Spieler der eigenen Region akzeptiert. Wie bei den meisten Großklubs sind hingegen beim *FC Barcelona* Spieler aus der ganzen Welt engagiert (Vgl. Schulze Marmeling, 2010, S. 182), wenngleich in der Gegenwart der eigene Nachwuchs eine herausragende Rolle einnimmt. Lionel Messi, der im Moment populärste Fußballer der Welt, ist Argentinier, da er jedoch die

Nachwuchsakademie des Klubs (*La Masia*) besucht hat, firmiert er im öffentlichen Bewusstsein als Katalane. (Vgl. Schulze-Marmeling, 2010, S. 182)

Ähnlich stellt sich die Situation in Schottland dar. Die mit Abstand wichtigste Trägerorganisation der Unabhängigkeitsbewegung – die *Scotish National Party* – lässt keinerlei Verbindung zu einem völkischen Nationalismus erkennen. Die Partei beruft sich auf sozialdemokratische Werte. (Siehe Kapitel 4.3.1)

Am schwierigsten einzuordnen ist der Nationalismus in Flandern, da sowohl der *ethnisch* als auch der *politisch* fundierte Nationalismus mit seinen beiden Hauptträgern *Vlaams Belang* bzw. *N-VA* fest verankert in der politischen Landschaft ist. Allgemein ist festzustellen, dass Parteien links der Mitte im nördlichen Landesteil Belgiens vergleichsweise wenig Stimmen gewinnen können. Dieses Stimmpotential wirkt sich positiv auf die anderen, also auch nationalistischen Parteien, aus. Bei den letzten Wahlen 2010 gewann die liberale N-VA auf Kosten des Vlaams Belang und wurde zur stärksten Kraft in Flandern. (Siehe Kapitel 4.1.1)

Ob der Abstieg der rechtsextremen Partei in direktem Zusammenhang mit der Ablehnung des ethnischen Nationalismus steht, ist nicht zu bestimmen.

8 Ausblick

Die günstigsten Voraussetzungen zur Veränderung der politischen Landkarte scheinen momentan in Belgien gegeben zu sein. In der flämischen Bevölkerung ist die Tendenz zur Zustimmung eines unabhängigen Staates deutlich sichtbar. Anders stellt sich die Situation in Schottland und den spanischen Regionen Katalonien und Baskenland dar. Ich halte es für äußerst unwahrscheinlich, dass in den nächsten Jahren eine völlige Loslösung vom jeweiligen Einheitsstaat passieren wird. Es ist allerdings auch in diesen Regionen nicht zu übersehen, dass die Unabhängigkeitsbewegungen an Bedeutung gewinnen. Vor allem in Schottland wurde dies nach der letzten schottischen Parlamentswahl mehr als deutlich.

Spannend wird zu beobachten sein, wie die Europäische Union auf die stärker werdende Nationalisierung Europas reagiert. Der Aufstieg nationalistischer Parteien oder Organisationen ist in diesen Jahren auch in vielen anderen Mitgliedsstaaten zu sehen. Oftmals verbinden diese Gruppierungen Nationalismus mit Rassismus (z. B. Ungarn). In Italien koppelt die *Lega Nord* regionalistische Ziele mit ausländerfeindlichen. (Vgl. Schmied, 2009)

Die meisten rechtsextremen und nationalistischen Parteien Europas schließen sich im Europaparlament (sofern sie dort vertreten sind) der Fraktion „*Europa der Freiheit und der Demokratie - EFD*", (z. B. *Lega Nord*) an oder sind fraktionslos (z. B. *Vlaams Belang, Front National, Freiheitliche Partei Österreichs*). Ihnen ist eine europaskeptische Haltung gemein. Dahingegen sind bis auf den flämischen *Vlaams Belang* sämtliche wichtigen Parteien der von mir behandelten Regionen der Europäischen Union positiv eingestellt.

9 Literaturverzeichnis

Alliance of Liberals and Democrats for Europe (2011): Members for the European Parliament from the Countries of the Union, URL: http://www.alde.eu/alde-group/alde-meps-list-member-european-parliament/, dl: 25.5.2011

Amnesty International (2002): Notica, URL: http://www.es.amnesty.org/com/2002/com_03jun02.shtm, dl. 4.4.2011

Anderson, Benedict (2005): Die Erfindung der Nation. Zur Karriere eines erfolgreichen Konzepts. 2. Auflage, Campus Verlag. Frankfurt, S. 14-16, 82, 88, 203

Ardanza, José Antonio (1986): Rede vor dem Klub „Siglo XXI", baskische Regierung. Madrid

Asmus, Malte (2009): Porträt Atletic Bilbao, URL: http://www.sportal.de/sportal/generated/article/fussballhttp://www.sportal.de/sportal/generated/article/fussball/2009/10/01/14459600000.html/2009/10/01/14459600000.html, dl: 30.3.2011

Baedeker, Karl (2000): Schottland, Karl Baedeker GmbH. Ostfildern, S. 10, 21, 43-44

Barro, Ana / Dirscherl, Klaus (1998): Regionalismus und Autonomiestaat (1977-1997). In: Bernecker, Walther (Hg.) / Dirscherl, Klaus: Spanien heute. Politik, Wirtschaft, Kultur. Vervuert Verlag. Frankfurt am Main, S. 429, 434

Berge, Frank / Grasse, Alexander (2004): Föderalismus in Belgien. Vom Bundesstaat zum Staatenbund?, Konrad-Adenauer-Stiftung, URL: http://www.kas.de/wf/doc/kas_5069-544-1-30.pdf?040727102804, dl: 29.4.2011

Bernecker, Walter L. / Dirscherl, Klaus (1998): Einleitung. In: Bernecker, Walther (Hg.) / Dirscherl, Klaus: Spanien heute. Politik, Wirtschaft, Kultur. Vervuert Verlag. Frankfurt am Main, S. 18-19

BBC: Politics 97, URL: http://www.bbc.co.uk/news/special/politics97/background/pastelec/ge79.shtml, dl: 23.3.2011

Bernecker, Walther / Pietschmann, Horst (1993): Geschichte Spaniens, Kohlhammer Verlag. Stuttgart, S. 370-373

Bernecker, Walhter L. / Oehrlein, Josef (1993): Spanien heute. Politik – Wirtschaft – Kultur. Frankfurt am Main. Vervuert Verlag, S. 59-69

Bernecker, Walther L., (1997): Spaniens Geschichte seit dem Bürgerkrieg. München. Verlag C.H.Beck, S. 171

Biosca, Joseph Huguet (1997): A dónde vamos? In: El País. Ausgabe Barcelona, S. 6

Bogdanor, Vernon (1999): Devolution in the United Kingdom, Oxford University Press. Oxford, S. 21

Borger, Sebastian (2008): Krise dämpft Unabhängigkeitspläne. In: Der Standard, S. 3

Borgmann, Matthias (1991): Das dezentrale Spanien in der EG – Unter besonderer Berücksichtigung der Comunidades Autónomas des Baskenlands, Kataloniens, Galiciens, Asturiens und Aragóns, Juristische Fakultät der Eberhard-Karls-Universität zu Tübingen. Tübingen, S. 2-3

Bunke, Christian (2011): Doppelte Niederlage. Desaster für Großbritanniens Liberaldemokraten. Partei unterliegt bei Regionalwahlen und Wahlreferendum, In: Junge Welt. Die Tageszeitung, URL: http://www.jungewelt.de/2011/05-07/022.php, dl: 10.5.2011

*Busch, Michael (*1988): Autonomie und Föderalismus. Eine Studie zur spanischen Verfassung von 1978 unter besonderer Berücksichtigung des Grundgesetzes der Bundesrepublik Deutschland, Centaurus. Frankfurt am Main, S. 9-13

Dardanelli, Paolo (2003): Ideology and Rationality: The Europeanisation of the Scottish National Party, In: Österreichische Zeitschrift für Politikwissenschaft 3/2003, S. 274

Dardanelli, Paolo (2008): Between Two Unions: Europeanisation and Scottish Devolution, Manchester University Press. Manchester, S. 94-95

De Wever, Bart (2010): Erklärung Bart De Wever. Internationale Pressekonferenz in Brüssel, URL: http://www.n-va.be/files/default/nva_images/documenten/DE%20Internationale%20Pressekonferenz%20-%20Erkl%C3%A4rung%20Bart%20De%20Wever.pdf, S. 2, dl: 5.4.2010

Deacon, Russell / Alan Sandry (2007): Devolution in the United Kingdom, Edinburgh University Press. Edinburgh, S. 50-51

Delmartino, Frank (2004): Belgien – eine unvollendete Föderation, In: Michael Piazolo, u. a. (Hg.): Föderalismus. Leitbild für die europäische Integration?, Olzog Verlag, München, S. 63

Der belgische Senat: Die Verfassung Belgiens, URL: http://www.senat.be/deutsch/index.html, dl. 5.4.2011

Der Standard (2010): Regierungsbildung erneut gescheitert, URL: http://derstandard.at/1287099381288/Regierungsbildung-erneut-gescheitert, dl: 8.4.2011

Deutsch, Karl W. (1972): Nationalismus und seine Alternativen, Piper Verlag. München, S. 45

Deutsch, Karl W. (1975): Nation und Welt, In: Winkler, Heinrich August (1985): Nationalismus. 2. Auflage, Athenäum Verlag. Königstein, S. 50

Devine, Tom M (2008): Devine, Tom M.: The Challenge of Nationalism, in: ders. (Hg.): Scotland and the Union 1707-2007, Edinburgh University Press. Edinburgh, S. 143-144

Die Freiheitlichen (2011): Die Freiheitlichen, URL: http://www.die-freiheitlichen.com/, dl: 3.6.2011

Eichhorst, Kristina (2005): Ethnisch-separatistische Konflikte in Kanada, Spanien und Sri Lanka – Möglichkeiten und Grenzen institutioneller Konfliktregelungen. Kieler Schriften zur politischen Wissenschaft, Bd. 15, Frankfurt am Main, S. 193, 195

Erbe, Michael (2009): Belgien. Luxemburg, Verlag C. H. Beck, München, S. 22-25, 41-42, 58-59, 73-75, 93, 97

Esquerra Republicana de Catalunya: Republican Left of Catalonie, URL: http://www.esquerra.cat/language/english, dl: 29.3.2011

Europäische Kommission: Baskenland, URL: http://ec.europa.eu/regional_policy/innovation/innovating/pdf/pais-vasco_de.pdf, dl: 20.4.2011

European Free Alliance: Members, URL: http://www.e-f-a.org/party.php?id=11, dl: 29.3.2011

Eusko Alkartasuna: URL: http://www.euskoalkartasuna.org/, dl: 29.3.2011

Falange Auténtica: URL: http://www.falange-autentica.org/en, dl: 1.4.2011

Ferreira, Antonio Matos (1992): Die iberische Halbinsel. In: Mayeur, Jean-Marie: Die Geschichte des Christentums – Religion, Politik, Kultur. Herder Verlag. Freiburg, Basel, Wien, S. 522

Ferschl, Susanne (2001): Schottland auf dem Weg zur Unabhängigkeit?! URL: http://www.e-politik.de/alt.e-politik.de/beitragfe40.html?Beitrag_ID=954, dl: 25.4.2011

Finlay, Richard J. (2004): Modern Scotland 1914-2000, Edinburgh University Press. London, S.324-327, 341

Flämisches Außenministerium: EU-Vorsitz, URL: http://www.flandern.be/servlet/Satellite?c=Page&cid=1280897275038&context=1166590833692--DE&p=1166590837362&pagename=flanders_site%2FView, dl: 11.4.2011

Free Scotland Party (2005): National Manifesto 2005, URL: http://web.archive.org/web/20061221064747/www.freescotlandparty.org/Manifesto.pdf, dl: 20.4.2011

Gabriel, Anna / Hetzel, Helmut (2011): Belgien: Ein Staat steht auf dem Spiel, URL: http://diepresse.com/home/politik/aussenpolitik/625435/Belgien_Ein-Staat-steht-auf-dem-Spiel, dl: 11.3.2011

Gara: EAE-ANV se esforzará por buscar alianzas con sectores independentistas, *URL:* http://www.gara.net/paperezkoa/20071025/44779/es/EAE-ANV-esforzara-buscar-alianzas-sectores-independentistas/%7CAcuerdos, dl: 1.4.2011

Gellner, Ernest (1991): Nationalismus und Moderne, Rotbuch Verlag. Berlin, S. 8, 96, 98

Gellner, Ernest (1999): Nationalismus. Kultur und Macht, Siedler Verlag. Berlin, S. 16-17

Generalitat de Catalunya – Regierung von Katalonien: Katalonien. Die Außenpolitik der katalanischen Regierung, URL: http://www20.gencat.cat/docs/Departament_de_la_Vicepresidencia/0-WEB_AEC_CHCC/Afers_Exteriors_Cooperacio/_1_NOTICIES%20I%20PREMSA/Publicacions/triptic_politica_exterior/TRIPTIC_AFERS_alem.pdf, dl: 12.4.2011

Göbel, Peter (1994): Alle Länder unserer Erde. Lexikon der Staaten, Städte und Landschaften, S. 84, 361, 627

Govaert, Serge (2010): Flämische Allianzen. Mit Sparsamkeit und Vorurteilen gegen den belgischen Staat, URL: http://www.monde-diplomatique.de/pm/2010/07/09.mondeText.artikel,a0031.idx,8, dl: 5.4.2011

Hasselbach, Christoph (2011): Belgien hält den Weltrekord, In: Deutsche Welle, URL: http://www.dw-world.de/dw/article/0,,6487347,00.html, dl: 24.4.2011

Hecking, Klaus (2003): Das politische System Belgiens, Leske & Budrich Verlag. Opladen, S. 47, 69, 72-73, 75, 84

Hecking, Claus (2006): Das Parteiensystem Belgien, In: Oskar Niedermayer, u. a. (Hg.): Die Parteiensysteme Westeuropas, VS Verlag. Wiesbaden, S. 43

Henker, Imke (2007): Lieber unabhängig. In: Focus Magazin. Nr. 18, 2007, URL: http://www.focus.de/politik/ausland/schottland-lieber-unabhaengig_aid_223031.html, dl: 21.4.2011

Hettlage, Robert (1994): Nationalstaat und Nationen in Spanien, In: Estel, Bernd / Mayer, Tilman: Das Prinzip der Nationen, Westdeutscher Verlag. Darmstadt, S. 154-155, 159-160

Hetzel, Helmut (2007): Vlaams Belang: „Unabhängigkeit Flanderns ist ganz nah", URL: http://diepresse.com/home/politik/aussenpolitik/327335/Vlaams-Belang_Unabhaengigkeit-Flanderns-ist-greifbar-nahe, dl: 4.4.2011

Hildebrand, Andreas (1998): Regionalismus und Autonomiestaat (1977-1997). In: Bernecker, Walther (Hg.) / Dirscherl, Klaus: Spanien heute. Politik, Wirtschaft, Kultur. Vervuert. Frankfurt am Main, S. 101, 103, 110, 113

Hildebrand, Andreas / Nohlen, Dieter (1993): Regionalismus und politische Dezentralisierung. In: Bernecker, Walther L. / Oehrlein, Josef: Spanien heute. Frankfurt am Main. Vervuert Verlag, S. 57, 91

Hoffmann-Ofenhof, Georg (2010): Es war einmal Belgien, URL: http://www.profil.at/articles/1036/572/277419/georg-hoffmann-ostenhof-es-belgien. dl: 5.4.2011

Hroch, Miroslav (2005): Das Europa der Nationen. Die moderne Nationsbildung im europäischen Vergleich, Göttingen, S. 105-107

Instituto Nacional de Estadística (2007): Contabilidad Regional de España. Base 2000, URL: http://www.ine.es/prensa/np488.pdf, dl: 13.5.2011

Ivaldi, Gildes / Swyngedouw, Marc (2006): Rechtsextremismus in populistischer Gestalt: Front National und Vlaams Blok, URL: http://halshs.archives-ouvertes.fr/docs/00/09/02/32/PDF/Ivaldi_Swyngedouw2006_German.pdf, dl: 11.4.2011, S. 3, 6-7, 9, 12-13, 15

James, Steve / Marsden, Chris (2010): Die Scottish Socialist Party betreibt nationalistische Stimmungsmache, In: World Socialist Website, URL: http://www.wsws.org/de/2010/apr2010/ssp-a29.shtml, dl. 29.3.2011

Jansen, Christian / Borggräfe, Henning (2007): Nation. Nationalität. Nationalismus, Campus Verlag. Frankfurt / New York, S. 10-16, 20-22, 27, 82-82, 87, 91, 98-101, 104-107, 109, 185

Kamen, Henry (2005): Spain 1469-1714: A Society of Conflict, Longman. New York / London, S. 196-204

Katalanisches Parlament – Parlament de Catalunya: URL: http://www.parlament.cat/web/composicio/resultats-electorals/resultats, dl: 15.4.2011

Kathe, Wolfgang (2011): Korsika, Reise Know-How Verlag Peter Rump

Kay, Adrian (2008): Evaluating Devolution in Wales. Political Studies 51, S. 62

Kellerer, Benedikt (2010): Konfliktlinien, regionale Identitäten und ihre Auswirkungen auf das politische System Belgiens, Grin Verlag. Norderstedt, S. 3-6, 8, 21

Kirsche, Gaston (2000): Der keineswegs kurze Sommer der Autobomben, URL: http://www.trend.infopartisan.net/trd1100/t321100.html, dl: 14.6.2011

Kleine Zeitung (2010): Nationalisten gewinnen katalanische Regionalwahl, URL: http://www.kleinezeitung.at/nachrichten/politik/2574797/nationalisten-gewinnen-katalonische-regionalwahl.story, dl: 13.4.2010

Koll, Johannes (2007): Geschichtlicher Überblick, In: Johannes Koll (Hg.): Belgien. Geschichte, Politik, Kultur, Wirtschaft. Aschendorff Verlag, Münster, S. 37

König, Dirk (2008): Die andere Stadt: Glasgow, URL: http://www.tip-berlin.de/kultur-und-freizeit-stadtleben-und-leute/die-andere-stadt-glasgow?q=/kultur-und-freizeit-stadtleben-und-leute/die-andere-stadt-glasgow, dl: 5.5.2011

Koppelberg, Stephan (1993): Sprachen und Sprachpolitik. In: Bernecker, Walther L. / Oehrlein, Josef: Spanien heute. Frankfurt am Main. Vervuert Verlag, S. 399

Kothe, Matthias (2011): Der Kult mit dem Kilt, In: Whiskeymania. Unabhängiges Online-Magazin, URL: http://whiskymania.de/Indoor/Kultur/Geschichte_Schottland/Tartan-2.ASP, dl: 6.6.2011

Kratzer, Philipp (2009): Die Scottish National Party und die Europäische Dimension der Unabhängigkeit Schottlands, Universität Wien. Wien, S. 1 – 5, 26, 38, 52, 72, 76, 91, 94

Kraus, Peter A. / Merkel, Wolfgang (1998): Die Konsolidierung der Demokratie, In: Bernecker, Walther (Hg.) / Dirscherl, Klaus: Spanien heute. Politik, Wirtschaft, Kultur. Vervuert. Frankfurt am Main, S. 47, 62

Lehmann, Armin (2000): Terror im Baskenland: Der neue Separatismus, In: Der Tagesspiegel, URL: http://www.tagesspiegel.de/politik/terror-im-baskenland-der-neue-separatismus-kommentar/161620.html, dl: 23.4.2011

Lynch, Peter (1996): Minority Nationalism and European Integration, University of Wales Press. Cardiff, S. 30, 37, 40

Maurer, Michael (2010): Kleine Geschichte Schottlands. Reclam Verlag, Stuttgart, S. 13, 15-16, 59, 210, 228, 230-233, 240, 261, 263, 274-281, 293, 295, 297-300

Mayerl, Christoph (2007): Aufwind der Regionen, In: Bundeszentrale für politische Bildung, URL: http://www.eurotopics.net/de/archiv/magazin/politik-verteilerseite/separatimus_2007_07/debatte_separatismus_07_07/, dl: 21.4.2011

Mergel, Thomas (2005): Großbritannien seit 1945, Vandenhoeck & Ruprecht Verlag. Göttingen, S. 170-172

Mohe, Michael / Sieweke, Jost (2009): Neue Konzepte der Ökonomik – Unternehmen zwischen Nachhaltigkeit, Kultur und Ethik, Metropolis Verlag. Marburg, URL: http://www.csrweltweit.de/uploads/tx_jpdownloads/Mohe_Sieweke_MitSozialerVerantwortungPunkten.pdf, dl: 14.3.2011

Mitchell, James (1999): The Creation of the Scottish Parliament: Journey without end, Parliamentary Affairs, Oxford University Press. Oxford, S. 653

Mitchell, James (1998): Member State or Euro-Region? The SNP, Plaid Cymru and Europe, in: David Baker and David Seawright (Hg.): Britain For and Against Europe. British Politics and the Question of European Integration, Clarendon Press. Oxford, S. 109-111, 119

Mondealers, Rudy (2010): Nationalisten und Sozialisten gewinnen Wahlen, In: Humanistischer Pressedienst, URL: http://hpd.de/node/9707, dl: 14.6.2011

Morawietz, Stefan (2009): Schottische Geschichte, In: Planet Wissen, URL: http://www.planet-wissen.de/laender_leute/grossbritannien/schottische_geschichte/index.jsp, dl: 13.5.2011

Neu-Flämische Allianz: Die Neu-Flämische Allianz, URL: http://www.n-va.be/deutsch, dl: 17.3.2011

Newell, James L. (1998): The Scottish National Party: Development and Change, In: De Winter, Lieven / Türsan, Hari (Hg.): Regionalist Parties in Western Europe. London / New York, S. 105

Niebel, Ingo (2010): Baskische Unabhängigkeit. Reizwort Selbstbestimmung, In: The European International, URL: http://www.theeuropean.de/ingo-niebel/4258-baskische-unabhaengigkeit, dl: 5.5.2010

Nohlen, Dieter (2005): Spanien: Wirtschaft – Gesellschaft – Politik. Ein Studienbuch, VS Verlag. Nürnberg, S. 275

Nohlen, Dieter (2006): Wahlen und Wahlsysteme, in: Lauth, Hans-Joachim (Hg.): Vergleichende Regierungslehre. Eine Einführung, VS Verlag für Sozialwissenschaften. Wiesbaden, S. 216

Nowak, Jürgen (1994): Krisenherde Europas, Rowohlt Taschenbuch. Reinbeck bei Hamburg, S. 26, 81-83, 157, 159-160, 175-177, 266

Office of Public Sector Information (2006): Budget (Scotland) Act 2006, URL: http://www.legislation.gov.uk/asp/2006/5/pdfs/asp_20060005_en.pdf, dl: 11.4.2011

ORF (2007): Blutige Identitätskonflikte, URL: http://news.orf.at/stories/2005141/2005150/, dl: 1.3.2011

Parlamento Italiano (2011): Composizione dei gruppi parlamentari, URL: http://www.camera.it/46, dl: 4.6.2011

Perry, Richard (1991): Staat und Nation im Vereinigten Königreich, In: Fröschl, Erich / Mesner, Maria / Ra'anan (Hg.): Staat und Nation in multi-ethischen Gesellschaften, Passagen Verlag. Wien, S. 254, 261

Playà Maset, Josep (2009): El padre de la sardana se inspiró para su creación en las zarzuelas, In: La Vanguardia, URL: http://www.lavanguardia.com/cultura/noticias/20091004/53796823169/el-padre-de-la-sardana-se-inspiro-para-su-creacion-en-las-zarzuelas-pep-ventura-figueres-emporda-jac.html, dl: 15.5.2011

Politics (2007): SNP prepare for minority government, URL: http://www.politics.co.uk/news/party-politics/party-politics/snp-prepare-minority-government-$473122.htm, dl: 10.4.2011

Rat der Europäischen Union (2006): Council Common Position 2006/380/CFSP, URL: http://eur-lex.europa.eu/LexUriServ/site/en/oj/2006/l_144/l_14420060531en00250029.pdf, dl: 4.4.2011

Rehrmann, Norbert (1993): Ist Spanien noch anders? In: Bernecker, Walther L. / Oehrlein, Josef: Spanien heute. Frankfurt am Main. Vervuert Verlag, S. 371

Reichenstein, Ruth (2005): Wegen Sezessionswunsch gefeuert, Handelsblatt. URL: http://www.handelsblatt.com/politik/international/wegen-sezessionswunsch-gefeuert/2587484.html, dl: 8.4.2011

Riedel, Sabine (2006): Regionaler Nationalismus / Aktuelle Gefahren für die Europäische Integration, URL: http://www.swp-berlin.org/common/get_document.php?asset_id=2854, DL: 2.1.09, S. 6, 9-11, 15, 21-25, 31

Savater, Fernando (1984): Contra las patrias, Tusquets Editores S. A. Barcelona, S. 87

Scharfreiter-Carrasco (2006): Das spanische Katalonien darf sich jetzt als eigene Nation bezeichnen, In: Eurasisches Magazin, URL: http://www.eurasischesmagazin.de/artikel/?artikelID=20060514, dl: 21.4.2011

Schilling, Jörg / Taubrich, Rainer (1989): Belgien, Verlag C. H. Beck. München, S. 107

Schirato, Tony (2007): Understanding Sports Culture, Verlag Sage. London, S. 88

Schlögl, Nicola (2008): Euskadi in der EU – Sezession und europäische Integration, Universität Wien. Wien, S. 74, 85, 87-89, 100-111

Schmid, Bernhard (2009): In: Bundeszentrale für politische Bildung, Italiens rassistische Fanatiker, URL: http://www.bpb.de/themen/BGV5AK,0,Italiens_rassistische_Fanatiker.html, dl: 15.6.2011

Schmid, Bernhard (2010): In: Trend. Online Zeitung, Belgien: Nationalistische Rechte in Flandern klare(r) Wahlsieger. „Moderater" flämischer Separatist wird mit Koalitionsgesprächen zur Regierungsbildung in Brüssel beauftragt, URL: http://www.trend.infopartisan.net/trd7810/t157810.html, dl: 8.4.2011

Schmidt, Bernhard (1990): Convérgencia i Unió. In: Berecker, Walther L. / Fuchs, Hans-Jürgen, Hofmann, Bert / Schmidt, Bernhard / Scotti-Rosin, Michael / de la Vega, Rafael: Spanien-Lexikon, München. Verlag C.H.Beck, S. 114-115

Schmiedhofer, Christoph (2008): Celtic FC: The Bohys, In: Null Acht. Magazin für Rasenpflege - Fussballkultur seit 2008, URL: http://www.nullacht.at/index.php?idcatside=103, dl: 5.11.2011

Schmitz-Reiners, Marion (2007): Die belgische Krise oder: Ein zerrissenes Land, URL: http://library.fes.de/pdf-files/bueros/bruessel/05054.pdf, dl: 11.3.2011

Schulze-Marmeling (2010): Barca. Oder: Die Kunst des schönen Spiels, Die Werkstatt. Göttingen, S. 10, 22-24, 33, 39, 45, 48, 56-57, 68, 94, 114, 119, 160, 181-182

Scottish Democratic Alliance: Welcome to the Scottish Democratic Alliance, URL: http://scottishdemocraticalliance.org/, dl: 20.11.2011

Scottish Enterprise (2008): The energy sector in Scotland. http://www.scottish-enterprise.com/your-sector/energy.aspx, dl: 11.4.2011

Scottish Executive (2007): Choosing Scotland's Future. A National Conversation. Independence and Responsibility in the modern world, Edinburgh, URL: http://www.scotland.gov.uk/Resource/Doc/194791/0052321.pdf, dl: 5.5.2011

Scottish National Party (2008): Annual Review, Edinburgh, S. 3

Scottish Parliament (2007): Representing the People, Edinburgh

Seidel, Carlos Collado (2010): Die Basken. Ein historisches Portät, Verlag C. H. Beck. München, S. 7, 9, 11-12,15, 84, 101-103, 106, 108, 110, 115-116, 118, 124, 129-132, 134-137, 142-144, 154-155, 158-164, 167, 171-172, 175, 177

Semsek, Hans-Günther (2002): Schottland, Dumont Verlag. Köln, S. 12-13, 17, 24-25

Smith, Anthony D. (2001): Nationalism. Theory, Ideology, History; Polity Press. Oxford, S. 3, 13

Sinn Féin (2011): URL: http://www.sinnfein.ie/, dl: 10.6.2011

Sotschek, Ralf (2011): Celtic Glasgow gegen die Rangers. Lokalderby der antisozialen Exzesse, In: Die Tageszeitung, URL: http://www.taz.de/1/sport/artikel/1/lokalderby-der-antisozialen-exzesse-1/, dl: 5.11.2011

Spares, Justin (2009): Flanders encouraged to seek independence from Belgium by EU's growing power, in: The Telegraph, URL: http://www.telegraph.co.uk/news/worldnews/5664644/Flanders-encouraged-to-seek-independence-from-Belgium-by-EUs-growing-power.html, dl: 12.4.2011

Sport+Markt AG (2010): Sport+Markt Top 20 2010. Auszüge aus der Pressekonferenz 9. September 2010, URL: http://www.sportundmarkt.de/fileadmin/Mailing/PK_Football_Top_20_2010/20100909_SPO RT_MARKT_Football__Top_20_2010_Auszuege_Presse.pdf, dl: 21.4.2011

Streck, Ralf (2007): Festnahme der gesamten Batasuna-Führung, URL: http://www.heise.de/tp/r4/artikel/26/26343/1.html, dl: 4.4.2011

Sturm, Roland (1999): Das Vereinigte Königreich von Großbritannien und Nordirland. Historische Grundlagen und zeitgeschichtlicher Problemaufriß. In: Großbritannien. Geschichte-Politik-Wirtschaft-Gesellschaft: Kastendiek, Hans / Rohe, Karl / Volle, Angelika (Hg), Campus. Frankfurt / New York, S. 78, 82

Sturm, Roland (2000): Integration – Devolution – Unabhängigkeit? Schottland auf dem Weg seines politischen Gemeinwesens, In: Jahrbuch des öffentlichen Rechts. Band 48, Mohr Siebeck Verlag, Tübingen, S. 353, 364

Süßenbach, Dirk (2007): Der flämische-wallonische Konflikt: Ausschließlich ein Sprachenstreit?, Grin Verlag. Nordestedt, S. 3, 11

Tagesschau (2007): Die wichtigsten Parteien Spaniens, URL: http://gabrieleweis.de/3a-politik/eu-sicherheitspolitische-situation/seit1990/parteien-spanien.htm, DL: 29.3.2011

Torrance, David (2010): Das Kreuz mit dem Andreaskreuz, URL: http://www.theeuropean.de/david-torrance/3680-die-unabhaengigkeit-schottlands, dl: 12.4.2010

Treidel, Rulf J. (2001): Interregionale Arbeitsteilung und Föderalismus in Spanien. Innere Peripherien in Geschichte und Gegenwart. In: Nolte, Hans-Heinrich / Bähre, Klaas: Innere Peripherien in Ost und West, Franz Steiner Verlag. Stuttgart, S. 57-58

Tschirner, Susanne (2008): Richtig Reisen Schottland: Mit Orkney, Shetland und Hebriden. Mit Reiseatlas & Routenkarten. Individuell reisen! Dumont Verlag, Köln, S. 42, 47

Vlaams Belang (2011): Das Programm des Vlaams Belang, URL: http://www.vlaamsbelang.be/61/2/, dl: 16.3.2011

Vogt, Niki (2010): Belgien zerbricht, URL: http://info.kopp-verlag.de/hintergruende/europa/niki-vogt/belgien-zerbricht.html, dl: 12.4.2011

Weber, Helmut (1999): Recht und Gerichtsbarkeit. In: Kastendiek, Hans / Rohe, Karl / Volle, Angelika (Hg): Großbritannien. Geschichte-Politik-Wirtschaft-Gesellschaft., Campus Verlag. Frankfurt / New York, S. 183-184, 192

Wehler, Hans-Ulrich (2001): Nationalismus. Geschichte, Formen, Folgen. 2. Auflage, Verlag C. H. Beck, München, S. 29, 32

Wils, Lode (2001): Die flämische Nationalbewegung, Universität Wien, URL: https://www.ned.univie.ac.at/node/12700, dl: 5.4.2011

Wittelsbürger, Helmut (2000): Spanien vor den Wahlen vom 12.März 2000, URL: http://www.kas.de/wf/de/33.3066/, dl: 29.3.2011

Woydt, Malte (1998): Hahn und Löwe im Streit, URL: http://www.woydt.be/belgien/ho0023de.htm, dl: 11.3.2011

Woyke, Wichard (2009): Das politische System Belgiens, In: Ismayr, Wolfgang: Die politischen Systeme Westeuropas, Verlag für Sozialwissenschaften. Wiesbaden, S. 451, 471, 475

Wuhrer, Dorothea (2007): Baskenland: Mit Axt und Schlange, URL: http://www.ag-friedensforschung.de/regionen/spanien/eta3.html, dl: 20.4.2011